新装版

地球に生きる
あなたの使命

木村秋則
ムラキテルミ

KKロングセラーズ

はじめに
――シリウスから地球に来ている二人？

今からひと昔前のこと。


「はじめまして」

「あれっ⁉　私、あなたと会っていますね。どこだったかな……」

「私も、木村さんのことを知っている！　と思っていました」


木村秋則さんとの初対面での、この会話に、不思議な能力をお持ちという方から、

「お二人共、シリウスから地球に来ている魂ですから、その頃の思いでしょう。守護霊が宇宙人で、未来から来ています。何か使命をお持

ちですね」

と、現実離れしたことを言われました。

思い当たるとすれば、木村秋則さんは、数知れずＵＦＯを見ておられ、二回の乗船経験をお持ちです。

私も一度だけ、大きな、太陽の光を受けたオレンジ色のＵＦＯを見ています。

木村秋則さんは、今や、どなたもご存じ、『奇跡のリンゴ』の主人公で、無農薬・無肥料でリンゴの栽培に成功なさった方です。現在、国内外で、自然農法の指導・講演をされています。

私、ムラキテルミは、余命半年といわれた末期肝臓ガンを断食で克服。今、ほんとうに元気で、「奇跡」と呼ばれている私のガン治癒体験を多くの方にお話しています。

木村さんも私も、UFOとの遭遇体験は、この地球以外に、知的生命体が存在する、という考え方を認めざるを得ないきっかけとなっています。

日本人であるだけでなく、「地球人」でもあり、この一つの惑星上で争っている場合ではない、と考えるようになりました。

木村秋則さんとの出会いは、木村秋則さんの大親友『レストラン山崎』山﨑隆オーナーのご長男が、私の大親友高澤光彦オーナーの『銀座ピークアプー美容室』銀座店店長であったことで結ばれました。ありがたいご縁でした。

木村さんは前著『地球に生まれたあなたが今すぐしなくてはならないこと』で「地球がなくならないようにするために、みんなが笑って暮らせる明日のために」を考えさせてくれました。

その本に続いて、この度、木村秋則さんと、私たちの「使命」に思いを巡らせ、地球、自然、命について語り合ったことを、一冊の本にまとめる機会をいただきました。

誰もが、木村秋則さんのように、「地球人」としての役目を果たすことが出来るとは思いませんが、木村秋則さんの心に触れることで、何かが変わると信じております。

真実は、シンプルで美しい。

美しいものに人は心ひかれます。

心が変われば、行動が変わります。

行動が変われば、環境を変える力となります。

私は、木村秋則さんから「無欲の強さと美しさ」を見せられ続けております。さすがに強欲な私も、美しさに触れることで、ただの元・ガン患者から少し成長出来つつあります。

私だけでなくて、母も、五五年連れ添った伴侶を亡くした絶望から救っていただきました。

亡くなった父はいつも母の三メートルほど上にいる、と教えて下さいました。母の心は安らかになれました。

この世は、見える世界だけではないことを実感したようです。

一つ、驚きの真実を。

この本の企画は、宮古島で三〇分ほど、木村秋則さんと、ＫＫロングセラーズさんと、ムラキの三人で打ち合わせをしました。

その他の、木村秋則さんからの情報は、全て、テレパシーで受け取っています。

それを文章にして木村秋則さんに確認をとるかたちで生まれた本です。

メール、電話、インターネットをはるかに超えるテレパシーの便利さに感動しています。

まだまだ、私たちの常識を越える世界が存在しています。まだまだ……です。

この美しい本の誕生に、心から感謝を申し上げます。

ありがとうございます。

ムラキ テルミ

目次

1 宮古島から

宮古島の講演会場にて

初上陸

◎**木村秋則**

三〇〇〇㎞だよ。

朝、暗いうちに家を出てさ、着いたの今だもんな。もう夕方だよ。

本州の最北端青森県の弘前から、この南の島、宮古島までやって来ました。

宮古島には？　初めて来ました。初上陸です。

今ね、日本の南で、高校生たちが環境保全型の農業に関心を持って、熱く燃えています。

岡山県興陽高校では、農業科の生徒たちが、自然栽培に取り組んでいます。

宮崎県高鍋農業高校でも、肥料・農薬・除草剤を使わない農業を研究し始めました。

そしてまた、ここ宮古島でも世界的に有名になった高校があります。沖縄県立宮古総合実業高校です。島の高校生たちが、汚染されている地下ダムの水と取り組んでいるのです。

わたしがかつて、「硝酸態窒素《しょうさんたいちっそ》が危険だよ」と、みんなに言って回っていたんだけれども、「木村は、なに言ってるんだ⁉」って、相手にされなかったの。

一九八〇年以降、農業の省力化や生産向上のために、化学肥料が大量に使われるようになって、植物に吸収されなかった硝酸態窒素による地下水汚染が、深刻な問題になっています。

日本だけではないのな。

世界中の大問題になっているのな。

ここ、宮古島は、川や湖の水源がなくて、島民の飲用水はすべて地下水に頼ってるでしょう。

基幹産業のサトウキビやタバコの栽培で、島の六五％を占める農地で、化学肥料や農薬を大量に使ってるんだもんな。

土から地下水に、硝酸態窒素がしみ込んでしまっていて、今では日本の水道法で飲用水として認められる硝酸態窒素濃度が一〇㎎／L以下のギリギリ。七～九㎎／Lだったか？　危機的状況なんだな。こんな美しい島がよ。

地下ダムの水を生活利用している宮古島にとってみると、これは生命にかかわる大問題です。

水は人間にとって欠かすことの出来ない最も重要なもの。人間だけではないな、地球に住む生命体ぜんぶだ。

この地下ダムの汚染の原因となっている硝酸態窒素をいかにして減

らすかを、この島に生まれて育った高校生たちが真剣に取り組んでいることは、宮古島の宝だと思う。

世界に誇る高校生だと思っています。

宮古総合実業高校の生徒たちは、宮古島の地下水をきれいにするために代々取り組んでいるのです。それは、汚染された土を自然に戻すための有機肥料を自分たちで研究開発して作ることです。

自分たちの美しい宮古島の歴史が始まった頃の水に戻そうとな。

この肥料なんだけども、完熟してるの。

匂いが全くなくてさ。有機肥料というより、まるで「土」だな。スゴいんだよ。

大人たちが、見て見ぬふりしてしまって、目をツブってしまってることに、高校生がよ、真剣に取り組んでいるんだから。

わたしたちは、島をあげて、この若い人たちを応援せねばな。

宮古島だけではないな、日本をあげてだな。

この若い人たちがやっていることが、いつかこの地球を救う力になると思います。

日本の高校生がよ、世界に認められる研究をしていることに、わたし、感動しました。

宮古島だけではないけれども、全国レベルで農家が減少している理由の一つは、肥料や農薬に経費をかけ過ぎたために、利益の出ない農業になってしまっているの。

まったく魅力のない農業になってしまったことにあると思うのな。

だからよ、若い人たちが仕事を求めて、都会に移動してしまった。

農村で、どんどん過疎化が進んでいるのは、農業に魅力がないから。

農村の崩壊は、地域産業の崩壊につながる。

もっと若い人たちが喜んで農業をする、田んぼや畑に笑顔がある、そういう風景にするために、みんなが力を合わせていくべきです。

ぜひ、宮古島からとれる農産物が、環境を壊すことのない土地から作られるように、変えていって欲しい。

いっぺんには無理なので少しずつ変えていって欲しい。

これが、わたしの願いです。

必ず出来ると、思っています。

わたしは、二〇二〇年の東京オリンピックの時に、世界中から日本を訪れる人たちに、日本で穫れた自然栽培の作物で、もてなしたい、食べてもらいたいと、夢をかかげて、全国を自然栽培の農業指導で歩きました。

宮古島で作られた自然栽培の作物が、たくさん収穫出来るようになって、オリンピックの会場に並んで欲しいと、願ったのです。

地球を救う高校生

◎ムラキ　テルミ

二〇一四年四月二七日、沖縄県宮古島で、木村秋則さんの講演会が開催されました。

宮古島出身の幼な友だちの池田キャシーの、六年越しの夢が叶ったのです。

世界に誇る美しい島「宮古島」を次世代の人たちに遺せるように、そして、宮古島のよりよい未来につながれば、と、宮古島へ何度も足を運びました。

木村秋則さんから、スケジュールをいただいてからの約半年の間に、様々な出来事が起こりました。

喜ばしいことが、いろいろありました。

最も喜ばしい出来事が、沖縄県立宮古総合実業高校の前里和洋先生との出会いでした。

同校環境工学科の前里和洋先生のご指導のもと、環境保全クラブ環境班の生徒たちが、島内の地下ダム用水の汚染改善のために、島での化学肥料を減らす目的で、島内で調達可能なバカス（サトウキビの搾りかす）や糖蜜などを利用した有機肥料「バイオ・リン」を開発しました。

「宮古島の水を守り、食を守ろう」を合言葉に、先輩卒業生を含めると後輩から後輩へと六代に渡り、続いているプロジェクトです。

研究開発だけでなく、実用化の出来るプラントも完成し、「バイオ・リン」は年間約二〇万ｔが生産され、島内の小中学校や家庭菜園などで、使われています。

宮古島の命の源である大切な地下水の汚染源は、主に基幹作物であるサトウキビなどの生長のために施された化学肥料由来の硝酸態窒素という肥料成分です。

硝酸態窒素は、作物が栽培されている土の中では肥料成分として、根から吸収され作物を生長させるために必要な成分です。

しかし、植物が吸収できる能力以上のたくさんの硝酸態窒素や、あるいは何も植物が栽培されていない土壌中に肥料成分である硝酸態窒素が存在していると、水に溶けやすい硝酸態窒素は植物に吸収されることなく、畑の真下の地下水に真水と一緒に流れ込み、窒素汚染を引き起こします。

硝酸態窒素に高濃度で汚染された水の被害は、日本ではその症例はありませんが、欧米では現在までにたくさんの幼い命が失われる、「ブルーベビーシンドローム」として、医学的にも知られています。

化学肥料を構成している成分である窒素、リン酸およびカリウムのうち、化学肥料由来のリン酸が、宮古島の土に高濃度で含有されているカルシウムと結合して、畑の土にリン酸が大量に残っています。

　こうして溜まってしまっているリン酸を、宮古総合実業高校の生徒たちが開発した有機肥料「バイオ・リン」が微生物の力を借りて溶かしだし、植物に再利用させることができるのです。

　そうなれば基肥として畑に施す化学肥料の全体量を減らすことができるのです。

　結果として硝酸態窒素の使用量も減らすことができ、地下水保全につながることを目指しています。

　まだ、残念なことに、島内の農家の人たちから、積極的に使用してもらえてはいません。

〝試してみようか〟という農家が、ちらほらと出てきています。

「皆さんが、この硝酸態窒素を研究し、さらに一歩前に出た研究をしている姿を理解してもらうには、少し時間がかかると思うんだけれども、くじけず、諦めないで進んで欲しいです」

木村秋則さんが、宮古総合実業高校の生徒たちに、満面の笑顔でエールを送られました。

指導教員の前里和洋先生が、大学の研究機関で農薬の開発に当られていたことが、宮古島の地下水汚染の原因究明に大きく働きました。農薬と「土」を知り尽くした経験が、今の「バイオ・リン」の開発の礎となっています。

二〇〇四年には「地下水保全」の研究が、スウェーデンで開催された「世界水会議」で、「水のノーベル賞」と呼ばれる「ストックホルム青少年水大賞」を受賞しています。

日本人として、こんなに誇らしい出来事を、どれだけの日本人が知っているのでしょうか。

知らなければ、共に感動することも、応援することも出来ません。

環境保全クラブ環境班の生徒たちは、「何をしている時が、一番楽しい？」の質問に、全員が、

「実習している時」

と答えてくれました。

ティーンエージャーの多感で誘惑の多い時期に、自分たちの住む島の水の保全を研究することが、一番楽しい！

もちろん前里和洋先生のご指導の賜物《たまもの》です。

日本の将来は、憂えることはない、世界に誇れる環境大国になることも、夢ではないと、希望を強く感じます。

前里和洋先生は、「今の宮古島の地下ダム用水を改善する技術を持

つことが出来れば、世界中の水を救うことが可能だ」と、話されます。

見据えている将来のスケールが、実に大きい。

前里和洋先生は、木村秋則さんの著書を何冊も読まれており、木村秋則さんが宮古島へ講演に来られることを知った時、心が震えたそうです。

自分の教え子たちが、同じステージに立ち、パネラーとしての「地下水保全」の研究発表をすることが叶いました。

宮古島市長をはじめ、多くの市会議員や町会議員の方も、講演会に出席されていました。

2 人の一生は、繰り人形のようなもの

わたし ◎木村秋則

わたし、ずっと売れてる本、『奇跡のリンゴ「絶対不可能」を覆した農家、木村秋則の記録』の主人公です。

ＮＨＫで放映された番組『プロフェッショナル　仕事の流儀』でとりあげられました。私だけの特集番組で、脳科学者の茂木健一郎さんとテレビに出ました。

映画にもなったんだよ。

友だちにさ、「まだ生きてて映画になる人って、いないんじゃないか」と言われたもんで、映画会社の東宝の人に聞いてみたら、「そうは、いないです」って言われました。

ノーベル平和賞を受賞したマザー・テレサくらいじゃないかって、

言う人もあります。

あの映画は、何度も見る機会があったんですが、一度もまともに見たことはないの。見られないんです。ずっと下を向いていましたが、涙がボタボタ落ちてさ。

なんも、テレビに出たり、映画になったりしてさ、「すごいだろ」って、自慢してるわけじゃないの。

わたし、最近つくづく思うことがあるの。

「人の一生は、操り人形のようなものだな」と。

もう、どうにもあらがえない大きな力があってさ。

その大きな力が、人の一生をコントロールしているのではないかって、思うのな。

右に行け、とかさ。

左に行け、とかな。

自分で生きているつもりでいるけれども、結局は大きな力に生かされてるだけなのではないかって。

リンゴが実っていないとき、人間ってさ、ヤドカリと同じだってな。

体借りてるだけで、ピノキオみたいにさ、誰かに操られている操り人形じゃないかな。そう思ったの。

リンゴが一個も実らなくてさ、失敗ばっかり繰り返していたんだ。

その時さ、糸を引いてる人が、「右に行きなさい」と言ってるのに、自分は左に行こうとしているんじゃないかなって。

ピノキオは、善意を尽くして尽くして、最後は人間になるわけです。

そのピノキオと同じで、みんな操り人形じゃないかな、と思います。

まだ、人間になれてなかったりしてな。

この大きな力のことをさ、「神」とか「仏」とか、人は呼ぶのな。

わたしは、「神」も「仏」も信じていないわけだけれど、このとてつもなく巨大な力の存在は信じています。

この力を「大自然」とでも、呼ぶのかな……。

わたしは「宇宙」と言う呼び方が、しっくりきます。

この巨大な「宇宙」の流れに逆らわず、この力に生かされて、宇宙の流れに沿う生き方が、人としての「使命」ではないのかなと思っています。

人それぞれに、宇宙に沿う生き方は違うと思うの。

わたしには、わたしの、あなたには、あなたの使命がある。

宇宙の流れに沿うことは宇宙時計と針が合うことにもなるんだよな。

この「大自然」を創り上げた「宇宙」の流れに沿う生き方というこ

とだよな。

この流れに逆らうと、痛い目にあってさ、間違いに気づきなさいというシステムになっているんじゃないのかな。

「宇宙」のシステムはさ。


わたしの三五歳までの生き方は、どうも間違ってたらしいのな。


もう散々、痛い目に合いました。

わたし、リンゴ作っています。リンゴ農家です。

妻が農薬に負ける体質なもんだから、無農薬でリンゴを実らせたかっただけだったのに、まあ、本当に、苦労をしました。

一〇年もリンゴが実らないんだもんな。

リンゴ農家なのにさ、リンゴが実らないから食べていけないの。

家族七人いてさ、お金一円もないの。

一年とか二年じゃないの。一〇年もだよ。

ウソじゃないの。本当だよ。

ひどい貧乏をしました。


自分はさ、「無農薬でリンゴを実らせる」と立派な信念を持ってたんだけれどもさ、周りからは、ただの変人って見られてて、ガンコ者とかな。

友だちもいなくなってしまってさ。一人もだ。

誰とも口を聞かなくなって、何年も何年も。

これは応えたな。貧乏よりも。

人って、一人じゃ生きていけないのな。

わたし、一人で何でも出来る、って思い違いしててさ、どんどん孤立してしまって。
家族とか仲間って、ほんとに大事だよ。
家族や仲間を大切にすることだ。

私

◎ムラキ テルミ

今から十七年前、私は全治十一カ月の大ケガをしました。

足首を骨折、くるぶしとかかとが割れ、腱が二本切れる……。「乗馬倶楽部での事故です」と言うのを気に入っていますが、落馬ではなく、駐車場で転倒したことが原因です。

その頃、ファッションバイヤーとしての仕事は至極順調でした。二度目の離婚が成立し、「自分で自分を養うこと！」が運命とばかり夢中で仕事をしていました。

勤務先のテレビショッピング会社の業績が大好調で、私自身、新聞や雑誌で取材されたり、『ガイアの夜明け』というテレビ番組で特集されたりしていました。

まさか、自分の映るテレビ番組を、病院の個室で足を吊りながら見るとは……。

病室にお見舞いに来て下さる方も絶えず、お花が部屋に置ききれなくて廊下にまであふれていました。

廊下には面会待ちの方の椅子が並んでいました。

このことも、とても気に入っていました。

骨折した足の腫れと痛みがひどく、手術をするまで九日間薬漬け。

手術に七時間。その晩、運悪く施術したのとは逆の足に麻酔が効いてしまい、夜中に脊椎麻酔を射ち直したため、倍量の麻酔が体内に入りました。

翌日からは手足が震え、顔面神経痛となり、心療内科に回されます。

また抗生物質です。

それに加えて、一日四回の鎮痛剤と抗炎症剤を欠かさず飲んでいたのです。

なぜかまた運悪く、手術で折れた骨を巻いて継いだワイヤーが、足首内側から皮膚へとび出てしまい、激痛！　また手術。

入院が長引くこととなり、一カ月後、勤務先では、代理の部長が就任することになりました。

その人事が発表されたとたん、誰一人、私を見舞う人がいなくなったのです。

ちやほやされていたのは、私のことが好きだったり、必要とされていたのでは全然なくて、ただ会社の売り上げが好きで、私の取り扱うお金が必要とされていただけでした。

ここで反省すべきでした。

大きな勘違いをしている自分の高慢な生き方を。

まだ凝りない私は、一日でも早く職場に復帰しようと、必死で、リハビリをしました。折れた左足首に局部麻酔を打ちながら。

なのに、くるぶしの割れが、うまくつかず、セラミックのくるぶしを入れる再々手術を受けることになったり、入院は延びる一方です。

やっとワイヤーを取り出す手術を終え、リハビリ生活に入るも、慣れていないので、車椅子が暴走して壁に激突したり、松葉杖がエレベーターのドアに挟まり、なぜか腕を打撲したりと小さなケガを重ねていました。

杖をつきながら、退院するまでに、一〇カ月。その後一カ月間自宅でリハビリをして、職場に戻りたくても、私の希望する仕事は待っていてはくれませんでした。

更に人事的トラブルまで起こり、二年間の傷病休暇付きで、退職す

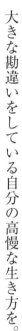

ることを決めました。

この間、次の仕事をさがすことが勤務先から許されていましたので、ライバル会社からのオファーを受け、退職後の仕事が決まりました。

ライバル会社に魂を売ったのです。

二〇年間お世話になった会社への恩を仇で返す形です。


このことを神様はお許しにならなかったようで、二年間の傷病休暇を消化した私を待っていたのは……。

余命半年の肝臓ガンだったのです。


「どうして、この私が?」と、どれだけ思ったことか。

人生の絶頂から、一気にドン底までまっ逆さまに落ちました。

誰からも相手にされず、悲劇のヒロインになり切って、哀れなものです。

全てを自分以外の原因にしていましたから、人生は全く好転しません。どんどん落ちぶれて行きました。

生活も心も。

私はクリスチャンですが、

「本当に神様はいるのですか」

「いるなら、なぜ助けてくれないのですか」と、
神様に文句タラタラの毎日を送っていました。

どうも〝自分で自分を養う〟ことが最優先の生き方は、間違っていたようです。

3
目の前にあった「死」

ロープを抱えて岩木山に登りました——◎木村秋則

あれはもう、ずいぶん前のことになるよな。

わたしさ、リンゴが実らないもんだから、岩木山に首くくりに行ったわけです。

四つあるリンゴ畑のリンゴの木、八〇〇本が全部枯れかけててさ。リンゴの木に、害虫が実ってるみたいで、枝がしなってるんだもんな。

取っても取っても、取りきれないの、リンゴじゃないよ。虫がだよ。一本のリンゴの木にスーパーの袋四つ分も五つ分も虫がついててさ。わたしのリンゴ畑、害虫のいこいの場になってしまってたもんな。

もう無農薬栽培やめて、慣行栽培に戻るしかないってわかっていても、農薬買うお金もないの。

いくらリンゴの木に、

「リンゴが実らなくてもいいから、枯れないで下さい」

「頑張って、ちょうだい」

「ごめんなさいね」

って謝って歩いたって、どんどん枯れちゃうの。

無農薬栽培はじめて六年目だったかな。


「無農薬でリンゴを栽培する」

これが自分の使命だって信じてた。

でもさ、夢が破れてしまって、やれることは全部やって、もう何も
出来ることもなくなってしまったの。

ロープを抱えて、岩木山に登りました。

死んで、すべてお詫びしようとな。
自分が死ねば、すべてを終わらせることが出来ると思ったんだな。
生きていてもさ、家族に迷惑かけ続けるだけだしな。
自分がいなくなったら、みんな今よりも幸せになれるに違いない。
そう思ったのな。

でもな、「死ぬ」って決めるまでは、やっぱり考えるわけだよな。
自分が死んだあと、女房子供はどうするだろう。
どんなこと言われるだろうと。
やっぱりあいつはバカだったと言われるだろう、とかな。
んだ、人間だもんな。
でもな、ロープ持って、決心した。
ちょうど、下界は、ねぶた祭りの前の晩だ。

ねぶたの太鼓の音が聞こえてくる。

なんて綺麗なんだろうって。

太鼓の音、ここまで聞こえてくるのかって思った。

そして、家の方に向かって、

「今までありがとうございました」とお礼言った。


そうしたら肩の荷が下りたようになったの。

そして、見るものすべてが綺麗に見えるようになったの。実に不思議だった。

「死ぬ」と決めたらよ、苦しいこととか、全部忘れてしまうのな。

生活の苦しさも、世間の批判も、何もかもな。

家族に苦労かけてることも、あの人にこう言われたとかさ、この人にこんなことされたとかさ、すごく苦痛に思っていたことが、綺麗さっぱり消えてしまった。

いや本当に、格好つけてるわけではなくて、どろどろした気持ちもいっぱいあったんだ。

なんだかんだ言ってもさ、死んでそこから逃げようとしているわけだからな。

死ななきゃ夢を諦められなかった、と言えば格好いいけどよ。

卑怯と言われても仕方がない。

家族や周りからしたら、本当に自分勝手な男でした。

ただ、正直に言えば、すっかり気持ちが軽くなったんだな。

思い残すことなんて、ひとつもない。

岩木山をさ、二時間くらいは登ったんでないかな。

結構、高いところまで登ったんだよ。

途中に渓流もあったな、それも越えてさ。
もうこのあたりでいいかな、と思って見回すと、ちょうどいい具合の木があってさ。
よし、ここにしよう。
と決めて、持ってきたロープを枝に投げたんだ。
これが、わたしの、目の前にあった「死」でした。

肝臓ガン余命宣告「まあ、もって半年……」——◎ムラキ テルミ

誰かに死の予言をされる。

死刑を宣告されたような、ガン余命宣告を受けたあと、まず一番に思ったのは、

「死に場所をどこにする」ということでした。

肝臓だけでなく、血液中のガン腫瘍マーカーが異常値であったため、すでに全身にガンが回っており、手術をしようが、抗ガン剤を打とうが、

「まあ、もって半年……」

「まあ、もって半年……」

「まあ、もって半年……」

大学病院の担当医師から言われたこの言葉が、その後の私の、呪縛となります。

この残された半年を、どこで過ごすか。

一八〇日あまりを、どこで過ごすか。

どう過ごすか、ではなく、「どこで」でした。

私には、故郷がないので、両親がリタイヤの地に選んで暮らしていた熱海に決めました。

幸い熱海に、足のリハビリ用の温泉の出るリゾートマンションを持っていましたが、まさか、死に場所になるとは……。

東京の自宅を売り払い、借りていた仕事場と仕事を整理し、スタッフの転職先をさがし、熱海への引っ越しをすることに要した時間が、一カ月。

残された時間は、五カ月……一五〇日。

合い間をぬって大学病院六カ所で、セカンドオピニオンどころか、6thオピニオンを取って、検査を繰り返していました、

「私が、ガンだなんて、きっとウソ」

「ウソだって言ってほしい」一心でした。

残念なことに、六カ所全ての病院で、

「間違いなく、肝臓ガンである」と診断されてしまいます。

しかも進行が早く、ガン腫瘍マーカーも、血液中腫瘍マーカーも、どんどん成長し続けます。

反対に体は、どんどん痩せ細り、十一kg体重が落ちてしまい、三八kgになっていました。

皮膚の色は、どんどん濃げ茶色化して、体は、枯れ枝のようです。

仕方なく、死に支度をはじめました。

「死に支度」とは？

とにかく、取り憑かれたように、モノを捨てはじめたのです。

自分が生きていた形跡を残したくなくて。

これがまたモノが多いこと！

バイヤーという職業柄と強欲さの相乗効果で、捨てても捨てても、湧くようにモノが溢れ返っています。

東京二カ所、熱海一カ所の三カ所分のモノです……すさまじい量でした。

死ぬ時は、どんなに気に入っていても、シャネルでもエルメスでも、ハンドバッグ一つ持って、死ねないこと、還れないこと、に気づきショックでした。

この気づきが、私の「死」への覚悟を決めさせました。

私は、モノへの執着が生きる糧となっていたのです。

そのモノへの愛着を断ち切られたことで、「生きる」ことへの魅力を失ってしまいました。

この瞬間から、生きることを諦め、本気で「死」への準備をはじめたのです。


どれだけ、綺麗に死にきるか。

どうやって、この世から消えるか。

それしか、頭にはありませんでした。

モノの処分は、プロの力を借りることとしたために、要る、要らない、の自分の感情をはさまず、スピードがアップしました。

家具は、ベッドと、机とイスを残して、あとは処分。

キッチンは、実家が同じマンション内なので、食客を許され、お茶を飲めるティーセットだけを残して、あとは処分。

洋服は、小さなクローゼットに入る分だけ。
くつが二足。
バッグは二つ。
和服は、全処分。
パジャマとタオル類、ベッドリネン類だけは、一週間分を残しました。
この先、起き上がれなくなって、寝たきりになるに違いない、と思っていたのです。
手紙、名刺、手帳、写真を処分して、最後までグズグズしたのが、本でした。
本がうず高く積み上がっていました。
寝たきりになっても、本は読めるのでは？　と。
よく考えてみると、もう本を持っている力も失くなっていて、まして寝ながら本を持つのは無理。

読んだり、読みたかった本を、人様に見られるのって、裸を見られるより恥ずかしいかも……と、聖書と広辞苑を残し、処分しました。

ガラーンとした部屋で、発狂しそうなぐらいの不安を抱え、死に支度を整えて、「死」を待ちました。

お風呂に入り、湯船につかろうにも、腹筋がないからか、浮いてしまう体が情けなく、

「早く迎えに来てほしい」

「いつ迎えに来てくれるのですか」と、

相変わらず、神様に文句タラタラです。

なぜだか、急に、

「青い畳の上で死にたい」

「畳の香りに包まれて死にたい」

と思い立ち、畳替えもしました。

ま新しい畳の上で、きちんと正座をして、青い空と海を見ていて、

「どこに還るのだろう」

と思った瞬間、雲が白く輝いて見え、「死」への恐怖が、すっと消え、「死」が待ち遠しく思えたのです。

これが、私の「死線」であったと思います。

「死」への恐怖よりも、「生」きていることの方が、ツラくて、しんどくて、早く死にたいと思いはじめました。

「生」きたいと思う気持ちが、消えてしまいました。

こんなポンコツで不自由な体は要らない、とも。

まったく思うように「生」きられなかった人生を、さっさと卒業してしまいたかった。
生まれ変われるものなら「次で頑張ります」と、本気で思いました。
「生」に執着するのではなく、
「生」を手放した時、
「道」は見えてくるのではないでしょうか。

4 宇宙の流れ

全部が必然

◎木村秋則

具合の良さそうな木の枝にさ、ロープ投げたのに、そのロープがさ、
手から滑って、あらぬ方向へ飛んで行ってしまったのな。
こんなよ、死ぬ間際にまでヘマをする自分。
「何やっても駄目な男なんだ」
って思いながらさ、ロープを拾いに山の斜面を降りたの。
そしたらよ……
月の光に輝く、リンゴの木があったの。
まるで魔法の木のようであったな。
山奥のこんな場所によ、なぜリンゴの木があるのだろうとな。
もう、自分が死んでしまっていて、

夢か幻でも見ているのではないかと思った。
葉っぱの一枚一枚が満月に照らされて輝いているの。
なんとも美しいリンゴの木でありました。
心臓が止まってしまうかと思うぐらい驚いたのさ。
誰が、農薬をまいているのだろう？
誰も、まいてなんかいないさ。
一滴の農薬もかかっていないはずだ。
こんな山奥なんだからさ。

その木はさ、リンゴの木ではなかったの。
ドングリの木でありました。
その時のわたしには、リンゴでもドングリでもよかったの。
なぜ、農薬をまいていないのに、この木はこんなに葉をつけているのか？

わたしの畑のリンゴの木、葉っぱ一枚もつけていないんだよ。

そのドングリの木、虫にも喰われていなくて、病気もないの。

どの葉っぱも、艶々して健康なの。

六年間、農薬に代わるものをさがし続けて、何百種類って食品とかを試し続けていたんだよ。

なのに、森の木々は、農薬なんて必要としていないんだな。

今までどうして自分が、そのことを不思議に思わなかったのだろうってな。

山には虫、たくさんいるんだよ。

だってさ、うるさいほど虫が鳴いているんだもんな。

なぜだ、なぜなんだ。

その時に、気がついたの。
「土」が違うって。
ロープを拾いに走った時に、足を取られそうなぐらい沈むんだよな。
山の「土」は、ふかふかなの。
雑草だって伸び放題だ。その雑草を抜くとすっと抜ける「土」なの。
ツンと、鼻にくる菌の匂いがして。
こんな柔らかい「土」は、はじめてだった。
これだ！
この「土」を作ればいい。
私は、やっと答えを見つけました。
山の自然の姿を、自分の畑に再現すればいいんだと。
思えば、リンゴの無農薬栽培をはじめた頃、書店で、棚の高い所の本を取ろうとして、棒でつついてたらさ、欲しかったトラクターの本の隣の本まで落ちてきたの。

床に落ちてしまって、雨でさ、本が汚れてしまったの。だから、その本も購入したのな。

福岡正信さんの書いた『自然農法』（時事通信社刊）でした。

「何もやらない、農薬も肥料も何もつかわない農業」と表紙のところに書かれてあって、表紙をめくったら、

「田を耕すこともなく、

肥料も施さず、

農薬もつかわず、

自然にできたこの一株の稲は

科学の力を否定し

人間の知恵の無明を示す

稲の中にすべてがあった」

と書いてあったの。

わたしがリンゴの無農薬栽培にのめり込むきっかけとなった本でした。もう何回読んだかわからない。本がすり切れるほど読みました。

それなのに、わたし、農薬に代わるものを一生懸命さがしてさ、草をしっかり根元から刈ってたの。

わたしの畑の「土」は、カチカチでした。

自分はすべてをやり尽くした、もう何もすることはないと思っていたけれども、まるで見ていなかったんだな。

目に見える部分ばかりに気を取られて、目に見えないものを見る努力を忘れていました。

それからは、「土」のことを学びました。もう夢中でした。楽しくってな。
死ぬことを決めて、首をくくろうとしていたことなんて、嘘みたいに消えてしまった。
大切なことにも気づけました。

リンゴの木は、リンゴの木だけで生きてるわけではないんだな。
周りの自然の中で、生かされている生き物なわけだ。
人間もそうなんだよ。
人間はそのことを忘れてしまい、自分独りで生きてると思っている。
そうじゃないの。
人間も自然の一部でさ、自然の中で生かされているの。
このことは忘れてはならないと、思います。
書棚から落ちてきた本も、木の枝から落ちたロープも、わたしは「宇宙」からの導きであったように思えます。
だってさ、偶然ってないんだよ。
ぜんぶさ、必然なの。
起こるべくして、起こってる。全部がだ。

何かの力で——◎ムラキ　テルミ

末期ガンの余命宣言を受け、人生最期の地、熱海への引っ越しの日。引っ越し荷物に囲まれ、途方に暮れました。

積み上がった本を床に下ろそうと抱えたら、一冊の本が飛び出すように落ち、おデコにコツンと当たったのです。

石原結實医学博士の書かれた
『食べない健康法』（東洋経済新報社刊）でした。

この本は、五年ほど前、元・姑である女性弁護士からもらいました。クライアントのさる代議士先生の遺言状を作成したが、その二年後、末期の膵臓ガンが消えてしまい、遺言状が白紙撤回されたと聞きました。

しかも「断食」で。

その代議士先生の主治医が石原結實先生だったのです。

たぶん、五年前にも読んでいるはずなのですが、さりとてこれといった病気もなかったため、健康だと思い込んでいた私には、記憶に残っていませんでした。

ページをパラパラめくると、

「断食すると、体内の細胞に、抗ガン効果をもたらす」

と書かれたページが目に飛び込みます。吸い込まれるようにその場に座り込み、一晩中何度も読み返しました。

ガンが治る……

ガンが治った……

人参リンゴジュース⁉

生姜紅茶⁉

本当かしら⁇

でもお医者様が書かれています。

それに本をくれたのは、誰よりも信頼のおける元・義母です。

石原先生にお会いしなくちゃ。

診察していただきたい。

気がついたら、空が白みはじめていました。

翌日、石原結實先生の東京のクリニックに電話をしました。今どき、ホームページもなく、ツテを頼って半日かかって電話番号を調べたのです。

診察の予約をお願いするも、なんと、三年半待ち！

大人気のお医者様でした。

私の余命は半年……その時は既に五カ月を切っていました。

石原結實先生の本をくれた、元・姑に五年ぶりに勇気をふり絞って電話をすることにします。

お陰で、その日のうちに、石原結實先生ご本人と電話でお話が出来、一カ月半後に先生が経営されている伊東のサナトリウムに予約を入れさせていただきました。

この時、世の中は金《ゼニ》でなく、人脈《コネ》だ……と、つくづく思いました。


この待ちの一カ月半は、吐き気とめまいとの闘いでした。四一度の高熱も出て、大学病院に入院しました。

この時の血中腫瘍マーカー数値は、担当医師の口から「見たことがない」ともれ出てしまうほどハイ・スコアでした。

担当医師も看護師の方からも、「死に逝く人」として、扱われているのが自分でもわかりました。

でも、なぜか、死なず、三日で高熱が下がります。この三日間、真珠色に輝く、らせん階段の幻覚を見続けます。

今思えば、あの、らせん階段が、あの世とこの世の境い目であったのかもしれません。

何かの力で〝階段を上ってはいけない〟と引き止められているかのようでした。

その力が何なのかは、今もってわかりません。


ようやく待ちに待ったサナトリウムへのチェックインの日がやって来ます。

高熱を出した後、何か憑物《つきもの》が取れたかのように、心は軽くなっていました。

死にたい病が治まった感じです。

そうそう、このサナトリウム入りまでの一カ月半、石原結實先生からの電話指導で、人参リンゴジュース断食をはじめていました。

どんどん痩せ細る体でしたが、石原先生は

「食べたくなければ、食べなくていい」とおっしゃいました。

「食べるから、吐くのです」とも。

本当にその通りで、食べずに人参リンゴジュースに切り替えましたら、吐き気が治まってしまったのです。半年近く吐き続けていましたのに。

大学病院では、栄養指導の先生から、「バナナ一本でもヨーグルト一匙でも、食べるように」と言われ続けていたのです。

待望の石原結實先生の診察は、カルチャーショックでした。

大学病院では、ガン宣告の時でさえ、担当医師は、レントゲン写真のスクリーンと血液検査表を見たまま！　私の目を見ることもありませんでした。

が、石原結實先生は、聴診器で心臓を診て、脈と血圧を測り、触診でお腹や目をチェックされ、体温も計られます。そして血液検査。大学病院からの検査資料にも丁寧に目を通され、私の診察に三〇分もの時間をかけて下さいました。

そして診断は、

「あなた、治りますよ！」

だったのです。涙がボタボタ落ちました。この一言を聞きたくて病院ジプシーをしていたのです。

もう嬉しくて嬉しくて

「先生に治していただきたいです。よろしくお願い申し上げます」

と深々と頭を下げましたら、

「何、バカなことを言っているんですか、あなたの作った病気なんだから、あなたが治すのです。私には治せません」

と、大声で笑われます……。

先生には、治せない⁉

この先生で、大丈夫？

何を言われているのか、わかりませんでした。

「あなたにしか治せません。あなたが治すのです」とも。

これは衝撃の、ひと言でした。

他に〝治る〟と言って下さった医師はおらず、石原先生しか言って下さいませんでした。

この日が今日まで続けている「Dr.石原メソッド」、一日一食・人参リンゴジュース断食スタートの日となりました。

神様って、無茶苦茶なことをする……と思います。

今の私にとって、主治医というだけでなく、命の大恩人である石原結實先生へつなげてくれたのが、離婚をした婚家の母、元・姑です。

一番連絡のしにくい相手が、キーパーソンとなったのです。

これを「宇宙の流れ」と言うのなら、「宇宙の流れ」には、ものすごく乗りにくいと感じます。

5
行動しないで後悔するよりも

失敗して反省した方が良い

◎木村秋則

わたし、世界ではじめて、無農薬のリンゴ栽培に成功しました。
農薬の使用をやめて、八年目。
岩木山に首をくくりに行ってから、三年目のことです。
その年、わたしの畑で、七つの花が咲いて、そのうち二つが実をつけました。
小さな実だったけれども、まあ、美味しいリンゴでありました。
神棚に上げて、家族全員で食べました。
三人の娘たちにとっては、生まれてはじめてのリンゴ。
リンゴ農家に生まれたのにな。
小学校の作文でさ、「わたしのお父さん」って題で、

「わたしのお父さんは、リンゴ農家です。
でも、わたしはお父さんの作ったリンゴを食べたことがありません。
お父さんのリンゴの木には、たくさんの虫がなっています。
いつかお父さんの作ったリンゴを食べたいです」
ってな、書いていたもんな。
九年目の春には、九年ぶりのリンゴの花見が出来ました。
あの時は嬉しかった。
リンゴの木が、わたしのこと許してくれたのな。
畑にさ、お酒持って行って、リンゴの木一本一本にふるまってさ、
私も飲みました。
後にも先にも、あんな気持ちのいい花見は、はじめてでありました。
リンゴの花ってさ、上向いて咲くんだよ。
桜みたいに、下に、人の方に向いて、咲かないの。

上向いて、咲くんだよな。

ちょっと威張っているのな。

その秋、ピンポン球みたいな小さなリンゴが山のように収穫出来ました。

リンゴの実を大きく育てる時にさ、花を摘むのな。

なにせ九年ぶりのリンゴの花だもんだから、摘む手が震えた。

もったいなくて、花を摘まなければ、実が大きくならないこと、わかってたんだけれども、出来なかったんだ。

翌年も、リンゴは花を咲かせて、実をつけてくれたの。この年は、摘花作業をちゃんと出来たから、実は大きく育ってくれました。

その次の年も、またその次の年も……リンゴは実ってくれるの。

実にありがたいことです。

リンゴが実るようになって、わたしとリンゴとの関係が変わったと思うのな。

人間に出来ることなんて、そんなたいしたことはないんだよな。人間はどんなに頑張ったってさ、自分で、リンゴの花一つ、咲かせること出来ないんだよ。

リンゴの木が頑張ってるの。手の先、足の先にだって、リンゴの花、咲かせられない。

畑を埋め尽くした満開の花を見て、わたし、つくづくそのことを思い知ったの。

この花を咲かせたのは、わたしではない。

リンゴの木なんだとな。

主人公は人間じゃなくて、リンゴの木なんだってことが、骨身にしみてわかったの。

それがわからなかったんだよ。

自分がリンゴを作っていると思い込んでいたの。

自分がリンゴの木を管理しているんだとな。

わたしに出来ることは、リンゴの木の手伝いでしかないんだよ。

失敗に失敗を重ねて、ようやくそのことがわかりました。

一つ失敗するたびに、一つの常識を捨てた。一〇〇も一〇〇〇もの失敗を重ねて、やっと自分の経験や知識が何の役にも立たないって、気づけたの。

行動しないで、後悔するよりもさ、
失敗して反省した方が良いと思う。
一歩前に出る。
勇気を持ってさ、一歩前に出ることが、大事なことだと思います。

結果が出るまで信じて継続する――◎ムラキ　テルミ

末期ガンを、「あなたにしか治せない」と喝破された、石原結實先生のご指導は、実に非・常識なものでした。

さらに驚いたことは、石原先生は、ガンには原因だけではなく、目的があると言われたのです。

■ガンの原因と目的とは

「全ての病気の原因は、一つだけ！」

「そのたった一つの原因は、血液の汚れ」であると伺い、これまた、驚きました。

風邪も腹痛も、そしてガンまでもが、原因は血液の汚れなのです。

血液の汚れていることを自覚し、血液をきれいにすることが、自己治癒力のスタートです。

■血液の汚れの原因は、二つだけ

血液の汚れが、万病の原因で、そのまた原因は、二つだけ！

一つは、「体温の低下！」

五〇年前の私たちの平均体温は三六・八℃あったのが、今では、三五℃台の平熱にまで下がっています。この平熱の下がり方と反比例するかのように、ガンの発症率が上がっています。

体温が下がることで、血液の流れが悪くなり、また、一℃の体温低下によって、免疫力が三〇％も下がります。ガンも実は、極度の血液の汚れ＝冷えの病気でしかないのだというのです。

そして、もう一つの血液を汚す原因は、「食べ過ぎ」です。一日三食を摂る習慣になり、おやつまで食べるようになったのは、この五〇〜六〇年ほど。大げさな言い方になりますが、私たち人類は、二〇〇万年もの時を、〝餓え〟と共に進化を遂げています。

この急激な食生活の変化に、体の変化が伴っていません。

■ガンの目的は？

西洋医学にとって「ガンの原因は不明」であるとされ、ガンと闘うかのように、切除手術や抗ガン剤治療、放射線治療が標準治療と呼ばれています。

石原先生は「人体が危急の状態に陥ったとき、東洋医学でいう『瘀《お》血《けつ》・血液の汚れ』が恒常的に続いたとき、正常細胞は血液を浄化するために、細胞が進化と逆行し退化する姿を取り、「ガンの正体」＝マクロファージ（単細胞生物）に還る」と、お考えです。

「ガンは、血液の汚れの浄化装置である！」ということなのです。ガンにも、原因だけでなく目的と働きがあり、この血液の汚れの極みの塊が、ガン腫瘍だというのです。

この血液浄化という目的を持ったガン腫瘍を切除手術することは、体内から血液浄化装置を失うこととなり、新たに、他の部位に浄化装置を作る……このことを、ガンの再発・転移と、私たちは呼んでいるのです。

「ガンにも目的と働きがある！」

石原先生のこの考え方は、ガンを怖れる気持ちを和らげてくれました。

そう、——ガンは怖くない！

■三六・五度命！

私の肝臓ガン発覚時の体温は、三四度台でした。ガン細胞の好む環境は、低体温！

三五・一度以下で体内はガンの増殖場と化します。

逆に、ガンの苦手な環境は、高体温！

三九・三度以上で体内のガン細胞は死滅します！　高熱が出るのは、ガンを焼き切る大手術をしたのと、同じ効果を得ることになる。

そして何よりのガンサバイバーにとっての福音は……三六・五度の体温がキープ出来ると、ガンは進行し難い！　のです。

再発も転移することとも。

この〝三六・五度で、命！〟という目標は、私にとってガンと向き合う姿勢を一八〇度変えました。

具体的な石原先生のガン体質改善のご指導も、とてもユニークでした。

■すべての薬をやめる

まず手始めが、断薬です。

鎮痛剤、抗炎症剤、睡眠薬、抗ウツ剤、胃腸薬……大学病院から処方されている薬を、一気にやめるようにと言われるのです。

「鎮痛剤？　痛いのは生きている証拠です」

「抗炎症剤？　熱は上がっていいのです」

「睡眠薬？　眠れないなら起きていればいい」

「抗ウツ剤？　憂鬱ならいくらでも落ち込んでいればいい」

「胃腸薬？　胃が悪くなってから飲みなさい」

「肝臓ガンなのに、こんなに薬を飲んでいたら、治るわけがない」と。

その頃、私は、一日に一六錠の薬を飲んでいました。

骨折から一年半の間に、なんと一万七千錠もの薬を飲んだことになります。薬だけでです。四回の骨折手術時の麻酔薬のことを考え合わすと、ぞっとします。

その大量の薬が、肝臓ガンを招いたのかもしれません。

肝臓は代謝や解毒を行う臓器ですが、あまりに大量の薬は、肝臓の処理能力を超えていたのだと思います。

■人参リンゴジュース断食と排泄・拝毒

サナトリウムでの、人参リンゴジュース断食をスタートして、私の体は、いろいろなものの排泄を始めました。

「吸収は排泄を疎外する」

この言葉は石原先生の「食べない健康法」の根幹となっています。

食べることをやめると、私たちの体は排泄・排毒をはじめるのです。

聞いてはいましたが、ガン患者である腐りはじめた私の体からの排毒は、すさまじいものでした。

まずは、真っ黒なタール便、脂のかたまり、血液の膜に包まれた粒……トイレに籠った最長記録は、なんと一〇時間でした。

トイレに充満した目にしみるような猛毒で、大きな蚊が二匹死んでいるのを発見し、「私の身体はそんな猛毒を溜め込んでいたのか」と愕然としました。

その後も、身体中の毛穴からどんどん脂が出てきました。

髪は一日に五回シャンプーしてもベタベタ。手の平まで脂ぎってしまい、持つもの持つものをすべり落としていました。

ケータイ、コップ、歯ブラシ、おはし……。

お風呂に入ると、虹色の油膜が浮きました。大量の目ヤニや黄色い耳ダレが出たり。さらに脳みそが溶け出したかと思うほどのクリーム色の鼻水が三日三晩出続けるなど、あらゆる排毒症状が次々と起こりました。

それでもまだ、体温を測ってみると、午後でも三五・一度しかありませんでした。

「午前中に測ったら三四度台前半ですよ。あなたのガンの原因は『冷え』です」

と言われました。

最初、私は半身浴もできませんでした。体温が低すぎて、湯あたりやめまいを起こしてしまうのです。足首から始めて、次は膝まで、というふうに少しずつ慣らしていきました。

また、「あなたは全然塩が足りない」とも言われ、天然塩を袋ごと渡されました。「これを美味しいと感じるだけ、いくらでも好きなだけ食べなさい」と。

それと並行して、生姜湿布の手当も受けました。全身に生姜湿布を貼り、上からアルミホイルで覆っても、三日間、汗が出ないのです。三日目にやっと少し汗が出だしたら、ものすごい悪臭でした。

それからどんどん汗が出るようになりました。それまでは塩が足りなかったため、体内が塩分・ミネラルのバランス量を保とうとして、汗で排泄させなかったのです。


サナトリウムに入る前には三〇〇〇近くあった腫瘍マーカーですが、十一日間のジュース断食後には、六〇を切っていました。

八月末にサナトリウムから帰ってきたのですが、九月の検査では腫瘍マーカーが一五を切ったのです。

「どんどん血液がきれいになっているんだ！」

とうれしくなりました。

その後も、滞在期間を短くしながら毎月サナトリウムへ通いました。

二〇一〇年七月の検査では、腫瘍マーカーはほぼゼロとなり、レントゲン写真でもガンの輪郭がぼやけてきていました。

さらに三カ月後の検査では、以前あったガン腫瘍が、毛細血管の塊に変わっていたのです。ちょうどマリモのように見えました。

病院では「これは一体何だ⁉　新しい異常だから、さらに検査しましょう」と言われたのですが、自分では体調がとても良かったので、石原先生にご相談しました。

「それはすごい！　新しい血管を作って、細胞を再生しようとしているんですよ。完治だ！」

とのこと。

嬉しかったのですが、さすがに「完治」という言葉には「そうかなあ」と思いました。

でもそれから三カ月後には、

「毛細血管の塊は跡形もなく消えていた」のです。

「自分の力でガンを治すことが出来る！」と人体の神秘に感謝しました。

肝臓ガンが消え、石原先生から
「あなたはバカで単純でよかった。誰もリンゴや人参、生姜でガンが治るなんて信じませんよ」と言われました。

本当に自分が、結果が出るまで継続できる、バカで単純な性格で良かったと思います。

6 奇跡は起きる

自然が起こすこと

◎木村秋則

わたしの育てたリンゴは、二年置いても腐らないもんだから、「奇跡のリンゴ」って、呼ばれるようになりました。

わたしが言い出したんじゃないの。

ちゃんとしたフランス料理店のシェフが、わたしのリンゴ二つに割って、二年経っても腐らないで枯れたみたいになってよ、甘い香りがするもんだから、そう呼んだの。

「奇跡のリンゴ」だって。

なしてだか。

なして農薬も肥料も無くて、リンゴできるんだべな。

わたしにもよくわからないのな。

きっとあまりにも、わたしがバカだから、リンゴの木が呆れて実らしてくれたのかもしれない。

リンゴが実るようになってからも、わたしのリンゴ畑では、摩訶不思議なことが起こり続けました。

岩木山に登ったあの年から、畑の草を刈ることをやめたの。

もう、三〇年になるのかな、雑草を生やすようになってさ。

この三〇年の間に、草の様子がガラリッと変わったの。そうな、七回かな。

全く何もしないのにさ、どっから来たんだか、植物の生態系って、そんなにガラリッて変わるもんだろうか。

山の土を再現したくて、土中の窒素分を安定させたくて、大豆をまいたのな。畑にさ。そうしたら、どっから見つけたんだか、山鳩がわんさか集まってよ。

山鳩の楽園になったの。

大豆まいたよ、なんて、知らせないのにな。

四つの畑全部だよ。山鳩だけなのな、こんなに山鳩がいたのかって思った。大袈裟じゃないよ。本当なんです。


リンゴの花が咲いて毎年収穫できるようになって何年目だったか……。


膨大な数の蜂がやって来たんだ。

一種類じゃないの。何種類もの蜂なの。

オオスズメバチ、キイロスズメバチ、アシナガバチ、トックリバチ……どうやって、わたしのリンゴ畑のこと知ったんだか。

リンゴの木の枝や根元の地面に、巣を作ってさ、まるでリンゴの実がなるように、何十もの巣、作るのさ。一本のリンゴの木に。

ちょっとした前衛芸術のようでもあったな。
けどよ、あんまり蜂が多くてさ、畑に入れなくなってしまって。
その頃は、まだ、リンゴの木につく虫を、一生懸命に取っていたの。
でもな、明らかに虫の数が減ってるのな。
なしてだか……。
試しに、蜂の巣を割ってみたの。
そうしたら、ハマキムシやシャクトリムシがぎっしりと詰まっていたの。
わたしたちに代わって、虫取りしてくれていたの、驚いたな。
蜂の大量発生はさ、三年は続いたと思う。
わたし、スズメバチに首んとこ刺されてしまってさ。首のうしろの頭に近いところだ。

なしてだか、助かったんだな。

急所だよ。急所を刺されたのよ。

これも「奇跡だ」って、人は言います。

相変わらず、畑には虫はいるのだけれども、虫からの被害は、目に見えて減っていきました。

虫だけでなくてさ、台風の被害も受けなくなったのな。

リンゴの木が土の中に深く深く根を張っているからだと思う。木が倒れなくなったの。


二〇〇〇年に入ったくらいからか、あれだけ大量に発生したハマキムシが、どういうわけか、まったく姿を見せなくなったのな。

もう今は、虫取り作業から解放されました。

虫の被害がなくなっただけでなくてさ、リンゴの木が病気でやられることも、なくなったの。

病気はあるんだよ。葉っぱを見るとポツポツとな。でも広がらないの。木にも畑にも。

リンゴの木がよ、葉っぱに付いた病気をさ、その部分だけ、枯らしてしまうの。

ポロッて穴開けて落としてしまう。

その穴の開いた分だけさ、新しく葉っぱを出すんだよ。同じ面積分だ。なんと葉っぱを失った分を、補っているのな。

知れば知るほど、自然というものは、なんとすごいものだと思う。

結局さ、肥料というものは、それが化学肥料であれ、有機肥料であれ、リンゴの木に余分な栄養を与えて、害虫と病気を呼んでいたのな。

肥料を与えれば、リンゴの実は簡単に大きくなる。けどもな、リンゴの木がなまけてしまって、虫にも病気にも負けてしまうのな。

運動もロクにしないのに、食べ物ばかり与えられる子供みたいなもんだ。現代の子供に免疫系の疾患、増えてるでしょう。子供だけじゃないよ。

自然からすれば、当たり前のことを、わたしたちは「奇跡」って言ってるだけじゃないのかな。

あまりにもよ、自然から遠い生き方になってしまったからな。

「奇跡」って、神や仏が起こすのではなくて、「自然」が起こすものだと思う。

結果を信じて、バカになってよ、結果が出るまでやり続ける。難しくないの。

続けることが、難しいだけ。

みんな、途中であきらめてしまうのな。

一つのことに「奇人」って呼ばれるほど、夢中になって、バカになれたらさ、

「奇跡」は起こります。

「奇跡を起こす人」になれます。

自然に起こること

◎ムラキ　テルミ

石原結實先生には初診の時に「肝臓が悪くなる前、腎臓が悪かったでしょ」と言い当てられてしまいました。腎臓の機能が低下すると、その働きを肩代わりするために、肝臓に負担がかかるのだそうです。腎臓の病気で利尿剤を使っていたことも、肝臓には負担だったと思います。

まず、二五年来の花粉症の症状が吹き出してきました。

顔が真っ赤に腫れ上がり、真っ平らになったのです。

毎年、花粉症の季節の前には必ず抗生物質を飲んで症状を抑えていたので、一気に排毒をはじめたのかもしれません。

帯状疱疹も次々と四カ所に出てきました。

石原先生によると、帯状疱疹も腎虚、つまり身体に余分にたまった水毒が原因とのことでした。

大量の鎮痛剤で麻痺していた神経を蘇らせる働きもあるそうです。

帯状疱疹は痛いなんてものじゃありません！

皮膚の表面が少しでも何かに触れると激痛が走るので、皮膚を石膏みたいに固めるお薬だけもらい、痛みに耐えました。

帯状疱疹はたった一〇日間で全部消えましたが、その後、肩こりや腰痛がはじめて出てきました。

「痛いのは、神経をブロックしていたものが取れ、元に戻ってきたからです」と言われました。それまで鎮痛剤がまだ残っていたのですね。

そして、おしっこの色がどんどん変わっていきました。

白、黄緑、赤、茶色……。でも石原先生には「血液検査で異常もなく、体温が三六度を切っていないから大丈夫」と言われました。

生姜紅茶みたいな錆びた茶色のおしっこが続き、背中の鈍痛は局部的な痛みに変わっていきました。やがて右下に降りてきた痛さはハンパではなく、まるで身体の中をとんがったフォークで刺されているような感じでした。

トイレに駆け込みましたが、冷や汗がダラダラ流れ、どんどん身体が冷たくなってきます。「このままトイレでパンツを下したまま死んでいくんだ……」と切ない気持ちでした。救急車を呼ぼうにも動けないんです。

このトイレで冷たくなって〝死〟の恐怖と向き合ったことは、ある意味で夢が叶っています。

ガンの進行中〝生きる〟ことはとっくに諦めていましたが、最期まで自分の力でトイレに行きたい！　他人様の手をお借りすることなく……と強く願っていたからです。

突然、「身体の中で、何か外れた」という感じがしました。

すごい量の血尿が出て、冷や汗が少しずつ止まってきました。

やがて何とか膝をつきながらトイレから出ることが出来ました。まるで一晩中トイレにいたように思えたのですが、たった一五分くらいの出来事でした。

あとから見ると、トイレの中にスプーン三杯分くらいの白っぽい砂がたまっていました。

翌日、石原先生にお聞きすると、「腎臓ですよ」と。どうやら腎臓にあった結石が星砂状になって出てきたようです。

ガンは十三カ月で治ったのですが、腎臓は三年かかりました。

この時以来、痛みも全部消えて、別の人の体のように元気になりました。

体温もずっと三六・五度のままです。

食事は昼か夜に一食です。ガン患者は一日一食でいいと石原先生に言われました。

「食べ過ぎはガン細胞を養っているだけ」なのだそうです。一日一食、集中して食べると、二三時間断食状態になりますから。

マクロビオティックは卒業してしまいました。ごはんは玄米ですし、野菜中心の食生活ですが、魚も食べます。牛・豚は食べませんが、鴨やチキンはいただきます。卵（有精卵）もチーズも食べます。

石原先生は「有精卵以外の卵は生命を生む力がないし、単なるコレステロールの塊だから」とおっしゃっています。

今の食生活は、何のストレスもありません。たとえば昼間に「シュークリームが食べたいな」と思ったら、食べるのを我慢する必要はありません。晩ご飯のデザートまで延ばすだけでいいんです。

だからとても幸せです。食べたいものを食べられなかったマクロビオティック時代があります。肉・魚・卵・乳製品にお砂糖を食べない生活の十七年間は苦行そのものでした。

食べられないストレスを量でカバーしていたんですね。マクロビで良いというお菓子やスナックをたくさん食べていました。

朝、お一〇時、ランチ、お三時、夕食、夜食……。明らかに食べ過ぎでした。

朝ごはんをジュースに替えて、お昼ごはんの量を半分にするだけで、一・五食になります。

夜は今まで通り食べ、私は下戸ですが、晩酌もいいのです。難しくないし、続けられます。

一日三食を一日一・五食にすると、腹五分目ということになります。腹五分目にすると、今かかっている病気の半分は消え、一日一食にすると、九五％の病気が治ると言われています。

私の肝臓ガン治療体験は、この九五％の高い治癒率の一例でしかありません。

体は治りたがっています。体の声に従い、自己治癒力が発揮できる体内環境を整えるだけで、体内神秘の力が働き、次々と「奇跡」を起こします。

体内神秘と言えば、私たちの体内の臓器は宇宙の星のように、体内で浮かんでいるのだそうです。

心臓も、肺も、胃も腸も、肝臓も……。

これらは筋肉や骨や血管で、ぶら下がっているわけではなく、浮かんでいる！

体内の環境が乱れると、臓器が落ちてくる。内臓下垂の状態になる。
体内環境を整えるエレメントは、高波動＝高体温です。
誰もが家庭で簡単に計れる体温で、体内エネルギーを計ることが出来るのです。
簡単過ぎて、気が抜けてしまいます。
真実って、シンプルです。

7

次元が移動する

生命が息を吹き返す

◎木村秋則

わたし、リンゴが実るようになってから、全国に農業指導に歩くようになりました。

無農薬・無肥料・無除草剤でさ、畑に雑草生やして、土を山の自然の状態に近づける農業を、「自然栽培」と呼んでな。普及活動をしています。

日本国内だけなく、海外からも声がかかって、出かけるようになりました。

自然栽培と取り組んでいる畑や田んぼで、これまた摩訶不思議なことが次々と起こっています。

田んぼに、どじょうやメダカが大量発生したりな。虫もいっぱいだ。

放流したりしてないのにだよ。

鳥だって、飛んで来る。

鴨や雁や……去年は、石川県の羽咋《はくい》市の田んぼに、朱鷺《とき》が帰って来ました。

朱鷺がいなくなったのは、田んぼにさ、朱鷺のエサがいなくなったからだったのな。

それだけではないの。

三年前からは、岡山県・倉敷の田んぼでな、レンゲが群生したの。突然だ。それもただのレンゲではなくて、背丈が一m二〇cmもあるのよ。

種なんか、まいてないよ。鳥が種を落としたにしては、大量大発生だ。

レンゲが生えるようになった翌年は、蜜蜂を放してみたのさ。

そしたらよ、通常の五倍もの蜂蜜が取れたのよ。その蜂蜜には、考えられないぐらいの微生物や菌がいてさ……。食べたらどうなるか怖くて、販売出来ないって、田んぼのオーナーが言ってました。

食べる勇気のある人に配ってるみたいだ。これがおいしいんです。

こんな話、いくらでもあるのな。

わたし、このような現象は、「次元移動」だと思っています。

レンゲの育ちやすい次元に、田んぼが移動したの。場所がではなくて、次元がな。

朱鷺が帰ってくる次元もあってさ。だから朱鷺が帰って来た。

農薬なんかをまいていると、「土」の生命エネルギーが死んでしまうのな。

殺虫剤じゃなくて、殺生剤なわけよ。

自然栽培に切り替えると、生命が息を吹き返すの。きっと、「土」や植物だけでなくて、「次元」もな。

「次元」ってさ、何次元、何次元って、切れているのではなくて、切れ間なくずっと続いているのだと思います。

同じ三次元でもな。レベルが違う三次元が存在しているんだな。

「次元」なんて言うと難しく聞こえるけど、「環境」のことでしょう。わたしたちが、住みやすい「環境」が、今、「不自然」に行き過ぎている。

その行き過ぎた「不自然」をさ、「自然」に戻すことを、人任せにしないで、自分の手ではじめてみる。

何も大層なことをしよう、って話でなくて、例えば、殺虫剤を使わない、でもいいと思う。

だってよ、虫がいなくなったら、わたしたち生きていけないんだよ。
虫をエサにしている鳥がいなくなるでしょう……。次々といなくなる。
蜜蜂がいなくなったら、わたしたち、四年も生きられないってさ、
アインシュタインが言っています。
わたしたち人間だって、この地球の自然の一部なんだからさ。
自然から離れて、生きてはいけないの。
人間がさ、この地球で一番の寄生物なんだからさ。
自然に対して、もっと謙虚にならなくてはな。

「ゼロ」の状態が幸せの極致――◎ムラキ テルミ

私がガンになった原因は、大量の抗生物質であったかもしれません。が、もう一つ、絶対的な原因となりましたのは、「怒り」です。

もうカンカンに怒ることが、次々と重なりました。

誰かに対して、会社に対して、自分の足や体に対して、そして自分自身、自分の人生にも。

この「怒り」が、ガン発病の大きな引き金になったことは間違いありません。

しかも「怒り」を貯める臓器と言われる肝臓のガンです。

このどうにも扱いきれない「怒り」も、「あなた、もうすぐ死にますよ」と言われると、どうでもよくなりました。

仕事の上で裁判を起こす準備をしていた書類や過去のスケジュール帳、名刺など、火にかけて燃やすことにしました。

小さな焚火のつもりが、火柱が立つようにゴウゴウ燃え、怖くなってお塩で消火しました。

それと同時に、生きていることがツラくて、手に取った聖書の開くページページに不思議なことに〝許せ許せ〟と出てきます。

怒りと裁きは神の仕事であり、神に委ねよと。

死に逝く支度のつもりの焚火でしたが、「怒り」を抱えて死んでも仕様がない……と諦めの気持ちで、〝全て許す〟と自分に宣言しました。


この瞬間、硬く閉じていた心の扉とでもいうのでしょうか、ふわーっと開く、ような、「緩《ゆる》む」のを体感したのです。

「許す」と心が「緩む」のです。

なんて心地がいい‼

それだけでなく、「怒り」の対象であった人や出来事を思い出しても、腹が立たない。気にも障らない。

「過去」にさかのぼってもです。

「今」の怒りだけでなく「過去」の「怒り」も消えてしまう。

不思議でなりません。

これって簡単！

なーんだ、という思いです。

この日以来、「怒り」を感じることが起こっても、「許す許す」と、呪文のように唱えることが習慣となり、私の人生から「怒り」が消えました。

私たちは「二元性」の中で暮らしています。
片方に揺れると、必ずもう片方に同じだけ揺れるシステムです。
振り幅を取り戻そうとするように、運動には終わりがないのです。
「怒り」が大きければ大きいほど、「許す」パワーも強大なものを求められます。

私の場合「怒り」の代償が「ガン」と「余命宣告」でした。あまりにも大きな代償です。

二元性のシステムは、「憎しみ」を覚えれば、「愛」を学ばされ、
「悪」に対して、「善」を。
「争」えば、「平和」を求め、「疑い」と「信頼」は、お対《ツイ》。
「絶望」すれば、「希望」に救われ、
「光」を求めれば、必ず「闇」がセットで付いてくる。

「暗闇」がないと「光」は存在出来ないからです。

「プラス」には「マイナス」が、「ポジティブ」には「ネガティブ」が、お伴で付いてきてしまうのです。

「良い」と判断すれば、「悪い」ものが生まれてしまう。自分が判断した「良い」を、他人にも同意を求め、自分の信念を守らなくてはならなくなる。

そうやって、自分で自分をどんどん縛っていってしまうことになります。

ではでは、この呪縛から、どうやって逃れればよいのか。

途方に暮れてしまいます。

「喜び」が大きければ、大きな「悲しみ」が控えている。

「ポジティブ」を求めれば、求めるほど、「ネガティブ」なことが起こる。

振り幅が大きければ大きいほど、人生の落差も大きく、クタクタになってしまいます。

「神が与え給う、悲しみ苦しみも喜んで受け取る」なんて、美しい言葉に付いてなんていけない。

悲しいことや苦しいことは出来るだけ避けたい。

この振り幅を小さくすればいい。

ならば、「喜び」や「嬉しい」ことにも、執着せず、フラットな心でいる。

コツは至って簡単、至極シンプルでした。

「プラス」でも「マイナス」でもない。

「ポジティブ」でも「ネガティブ」でもない。

「ゼロ」の状態が、「幸せ」の至極でした。

「ゼロ」とは、「零」＝「霊」を表し、

「ゼロ」は「空」を表し、

「空」は「宇宙エネルギー」を表します。

「光」や「愛」も、うんと振り幅の小さな、細やかな波動です。

宇宙は、エネルギーが共鳴したものを受け取れるシステムになっています。

感情の起伏や、心の状態が、「ゼロ」に近ければ近いほど、宇宙の流れに乗れるのです。

宇宙の流れに乗る、キーワードは「ゼロ」です。

8

「過去」も「現在」も「未来」も同時に存在している

波長が合うと見える——◎木村秋則

わたし、これまでに二度、死後の世界を訪れたのではないかと思う体験をしています。

二歳の時、風邪をこじらせて肺炎になって「もういつ死ぬかわからない」と父が医者に告げられた、その晩、まさに「地獄絵図」と同じ世界にいたのです。

どうも地獄へ行ってたのな。

親に先だって死んだ子どもは、地獄へ落ちるって言われてたしな。

鬼がよ、巨大な桶ん中さ、大勢の人を押し込んで、谷底に落とすのな。

針の山もあったな。

毛むくじゃらの鬼の脛毛に必死にしがみついてな。

この時は、父が薬草の根っていうか芋をさ、すりおろして足の裏と胸に塗ってくれたおかげで、一命を取り留めました。

大人になってから、もう一度死後の世界をさまよったのな。

インフルエンザから高熱を出してな、寒くて震えながら電気毛布にくるまっていたときのこと。

いつの間にか意識を失ってな。

気がついたら、大きなシャボン玉の中に包まれてたの。

自分の体から、浮かび上がってさ、三mくらい上から、自分の体を見てるのさ。

三mは、浮いていたな。天井あったのにな。天井、どうしたんだろうな。

シャボン玉はさ、ふわふわ上昇してさ、いつか砂浜のような所に立たされていたの。

とても歩きづらかったのを覚えています。

ここは真っ暗な世界、光のない真っ暗な空間でありました。

六つの門をくぐってさ、案内人が出てきて、「生まれ変わる人たち」の列があったりな……。

またシャボン玉に乗って帰ってきたんだけれどもな。

横たわる自分の体にさ、すっと重なるような気がしたら、この世での意識を取り戻したの。


インフルエンザで、意識が体を離れた時、自分の亡骸を見下ろしながら、それが自分自身と認識できなかった体験から、体は、ヤドカリのようなものではないかと考えるようになりました。

本当の自分はよ、「魂」とか「霊」とか呼び方は様々だけれども、本当の自分は体の中にいて、「木村秋則」という体をただ借りている状態なのではないか。

そう思っているのです。

わたしの体験した死後の世界は、それまで耳にしていた臨死体験の話と、まったくかけ離れたものだったのな。

でよ、わたし思ったの。

死後の世界も、いくつもあるのではないかってな。

わたしが体験しただけでさ、二つあるんだものな。

どの死後の世界が正しくて、どれが間違ってる、なんて話じゃなくてさ。

死後の世界が、「今」なのか「未来」なのかよくわからないけども、存在していることは、確かだ。

わたし、行って来たんだからさ。

この世もあの世も、同時に存在してるの。

これは空間に当るのか、時間に当るのか、上手く表現出来ないけどさ、「時空」って言うのかな。「次元」かな。


「過去」も「現在」も「未来」もさ、同時に存在してると思うのな。

だってさ、「過去」とか「未来」とか、見て来れる人いるでしょう。

霊能者とか、超能力者とか呼ばれてな。

見て来れるってことはよ、存在してるんだよな。

わたしさ、恐竜だってな、今も生きている地球が存在するのではないかと思ってるの。

七千年前とかに、地球が変わったんだ。きっと。

別の次元の地球でな。その世界の地球があってさ、恐竜もちゃんと生きてるはずだって。

だからもしかしたら、人間は人間として生きていても、今住んでいる地球がさ、別なものとして生きていくことにしたら、わたしたち、地球に住めなくなるかもしれないな。

波長が変わってしまって、次元が変わってしまったら、見えない世界に移ってしまうもんな。

波長が合わないと、見えないのな。

波長が合うと見えるの。

レンゲとか、どじょうとかもさ、田んぼの波長が変わったもんだから、レンゲとの波長が合って、突然群生したんだな。

でもよ、今、どう考えても、今の地球は、見えなくなる……消えてしまう方に、向かっているとしか思えないもんな。どんどん自然から遠ざかってしまって、不自然が当たり前になってしまって。

地球がさ、消えてしまったら、わたしたち困るでしょう。

そんなことにならないためにもさ、人間はもっと、この地球を、かけがえのない地球を、その頂点に立ってる人間が守っていかなくてはならない、と思う。

そうでなければ、何のための脳みそかわからない。

破壊するための脳みそなのか。

あるいは、更に進化させながら、この世界を保護していくための脳みそなのか。

わたしは、この地球を保護していくための脳力に使っていきたいと思っています。

だってよ、自分のことって、自分でしか変えられないもんな。

「時間」は未来から流れてる——◎ムラキ テルミ

余命期限という「死」が迫り来る生活を体験して、一つの大きな気づきがありました。「時間」は、「過去」から「今」へ、積み重なるものだと思い込んでいたのですが、「未来」である死後が、どんどん近づいてくる体験をしたのです。

「未来」が近づいてくる。

「未来」が「現在」「今」に向かって流れている。

もう一歩踏み込んでみると、「過去」も「未来」も、「今」同時に存在しているのです。

今この瞬間に。

時間は、今この瞬間以外の時間は存在しません。

たった「今」が、すぐに「過去」になって、「未来」がどんどん「今」になっている。

人が止まっている気になっても、周囲が前から後ろに、スゴいスピードで流れていると、後ろから前に動いている気がします。

新幹線に乗っていたり、飛行機に乗っている時の感覚です。

私たちが、ここに座っているだけでも、地球は、秒速四〇ｋｍで自転しています。

秒速です。

一秒間に、東京から横浜まで移動しているのです。

時間が「未来」から「現在」に向かって流れていることに気づけると、人生に革命が起こります。

「未来」の自分を設定するだけで、勝手に近づいて来る。

そうすると、

「自分がどうありたいか」を、いい加減に出来ません。

猛烈なスピードで、「未来」が近づいてくる。

ぼんやりしていると、あっと言う間に流されてしまいます。

「過去」を悔んでクヨクヨしたり、「未来」を憂いてオロオロする必要はありません。

この「今」という瞬間に私たちが行う選択によって、近づいて来る「未来」が変わるのです。

「未来」だけでなく、「過去」も書き換えることが可能です。

「怒り」を今この瞬間に手離すと、「過去」の「怒り」は消し去られてしまいます。

「悲しみ」も「恐れ」も、「不安」も、手離せると、「過去」からだけでなく「未来」からも消去されます。

信じ難いことですが、事実であり、真実です。
現在の瞬間は、私たちが自分の現実を創造することの出来る唯一の時間なのです。

9 自然って美しい

「不自然」に気づいたら自然に戻す――◎木村秋則

「自然」って、当たり前に存在していると思っていたけれど、ちっとも当たり前じゃなかったのな。

貴重になってしまってさ。

だってよ、わたしの育てたリンゴがさ、「奇跡のリンゴ」って呼ばれるんだよ。

農薬とか、肥料とか、除草剤、使わないで、実ったリンゴのことをさ。

わたしさ、リンゴの木が実をつけるのを、手伝ってるだけなのな。

自然の力が、リンゴの実を育ててるの。

わたしのリンゴが「奇跡のリンゴ」って、呼ばれてるうちは、まだまだだ。

「奇跡」でなくてさ、みんなが食べられるようにならねばな。

「自然」って美しいんだ。

わたしの育てたトマト、左右対称に実るんだよ。三ｍぐらいもの丈になってな。

それは見事なもんだ。

海だって、空だって、水だって、土だって、太陽だってさ、自然が惜しみなく用意してくれているものを、次々と壊してしまったのは、人間だ。

今、行き過ぎた「不自然」に気づいて、自分たちの手で「自然」に戻す必要に迫られています。おかしい！　と気づいたら、行動しないとな。

地球の状態と、わたしたち人間の体の状態ってお互いに引かれ合っているの。

地球の海と陸の比率と、人間の体の水分と固体の割合って同じなんだわ。

地球の温暖化が進んでさ、氷河が溶け続けてしまったらよ、海の割合が増えてしまうでしょう。

わたしたちの体もさ、ぶよぶよになって、とんでもないことになるんではないかな。

わたしたち、生きていけないんじゃないか、と思います。

「地球」って、「土」の「球」って言うんだよ。

まずは、「土」を自然に還さないとな。

なにも悲観的になることは、ないと思うの。

わたしのリンゴ畑のリンゴの木、みんな枯れかかっていたのが、今、元気だよ。
虫も病気も寄せつけなくなってさ。
リンゴの木だって、こんなに頑張れるの。
まして「地球」だ。
今だって、地球は相当頑張ってると思うのな。
そのことに感謝しなくては、いけないと思います。
それにさ、不自然に気づいたら、行動しないとな。
何か、行動を起こさないとな。

#「土」に還る

◎ムラキ テルミ

神話で神さまが「土」をこねて、人間を作るシーンがあります。

へんてこな話だと思っていましたが、真実です。

私たちが口に入れる食物は、全て「土」から作られています。

植物はもちろんのこと、お肉だって、牛乳だって、その動物は、草食動物です。草は「土」のエネルギーです。

「水」も元は「土」のエネルギーです。

山に積もった葉っぱが、「土」となり、雨でその「土」のエッセンスが泉となり、地下水となり、川へと流れる。

「海」も「塩」も、「土」のエッセンスです。

「土」のエッセンスである「水」が、気の遠くなる程の時間をかけて、濃縮したのが「海水」、その濃縮したものが「塩」です。

「海」という漢字は、〝人にとって母なる水〟を表し、

「塩」は、〝人の口に入って血となる土〟を表します。

私たちは、「土」のエッセンスを食べ、生命を育んでいます。

「土」は、「＋」プラス＋「－」マイナス＝「ゼロ」をも表します。

「ゼロ」エネルギーなのです。

私たちの体のエネルギーが、プラスやマイナスに過剰にふれると、病気になりますが、「土」に触れることで、過剰なエネルギーを放電し、「アース」して「ゼロ」エネルギーを取り戻すことが出来ます。


以前、アメリカのアリゾナで、四〇日間の体質改善プログラムに参加したことがあります。

アンドリュー・ワイル博士のプログラムです。二〇人あまりの参加

者のうち、あるガンの女性が、プログラムスタート三日目に、周囲が鼻をつまむほどの体臭を放っていました。

肉食をやめて、ベジタリアンフードにして三日目です。

ワイル博士は、彼女に砂浴を勧めました。夜が明ける頃の砂漠に穴を掘って埋まるのです。

ものの見事に、一時間で悪臭は、消え去りました。


私たちは、「土」から多大な恩恵を得ています。また肉体の生命の尽きる時、土葬にしろ火葬にしろ、「土」へ還ります。

私たちは、もっと「土」に触れるべきです。

最近は、日光に当たらない人も増えています。

日の当たらないビルの中で、日中を過ごして、仕事をして。

私たちも植物を見習って、土のエネルギーと、水のエネルギーと、お陽様のエネルギーで、生かされていることに気づくべきです。

「土」と「水」と「太陽」に生かされていると感謝出来れば、おのずと、行動は変わると思います。

10

一番大切なものは、目に見えない

「心」が自分の体を動かしている

◎木村秋則

この地球上から、戦争を無くそうと思うと、まず、宗教の壁を取っぱらわないと。

まず無理だけれどもな。

うちの「神様」が一番。

いや、うちの「仏様」が一番。

こうしているうちは、戦争は絶えないと思います。

青森県の新郷村《しんごうむら》戸来《へらい》に、キリストが住んでいた、と言われ続けている場所や、キリストの本当のお墓があるのを知っていますか。

それだけでなくて、モーゼと釈迦《シャカ》が会ったと伝えられている村もあるの。

歴史上の年代も合わないし、宗教の世界も引っくり返ってしまう話だけれども、伝承されているのは事実です。

なんもわたし、宗教の世界に、土足で踏みつけるようなことを言いたいのではなくて、宗教なんて、そんなもんだ、と言いたいだけです。わたしさ、たった一つのリンゴも収獲できずに苦しんでいた時にさ、人から言われて、千日のお参りすれば良いと聞いて、毎日欠かさず神仏に手を合わせていた時期があったの。三年以上もだ。けれども、いくら神頼みをしても、一個のリンゴも実を結ぶことはなかったのな。

それ以来、二度と神仏に手を合わせることはなく、初詣にも一切行くことはしていません。

「苦しい時の神頼み」という言葉がありますが、それが間違っていたと感じたのです。

何億人もの人間が念じる願い事の全てに応えることは、いくら神仏といえども無理ではないかとな。

願望を神仏には託すまい。

けれども結果だけは報告すると、そう決めました。


誰だって簡単に「神様」になれるんだよ。

鏡あるでしょう。

鏡に映った自分の姿よく見てさ。

鏡「か」「が」「み」に映った自分から、「が」を取ったら、「かみ」でしょう。

「自分が」「自分が」の生き方をやめてさ、「我」を取ったらな、簡単に「かみ」「神様」になれるのな。

みんな「私」のことで、すごく忙しいの。

いつもいつも。

「わたしが」「わたしが」ってな。

「わたし」のことを、ちょっと置いておいて、「あなたに」を優先させてみたら、今までの生き方が、引っくり返ってしまって、自分で驚くことが起こると思います。

科学では、目に見えないものは無いものとして扱うでしょう。

けれどもさ、本当に大事なものは、目に見えないと思うのな。

心って、機械みたいにさ、分解できないでしょう。

心を形にして出すことはできない。

心を見せることもできないよな。

心って計れないでしょう。

〝○○さんのこと大好きです〟って思っても、どれくらい大好きか計れない。

目に見えないもの、計れないものが、一番大切なんじゃないのかな。

言葉のいらない世界だってあるんだよ。

テレパシーで心が通じるの。


テレパシーと言えばな、びっくりする話がある。

インドの良家の子息が、夏休みに、特別な宗教上の教育を受けるそうだ。

バラモンだったかな。

そのクラスの中で、一番難しいのが、「無言の行」で、四〇日間、一言もしゃべってはならないのな。

一言でもしゃべったら、落第だ。

落第して、落第して、三度目の夏に四〇日間の無言の行を合格した生徒と、一番偉い先生との食事会があったんだそうだ。

その年は、合格した生徒が三人だった。

何百人もの中の三人な。

その食事会は実に素晴らしくて、皆、大いに食べ、語り明かすんだ。

人生について、家族について、国について、宗教についてもな。

盛り上がって、笑ってな。心の底から楽しんでさ。

ところがよ、この食事の間、誰一人として、言葉を使っていないの。

一言もだよ。

この地球上でもさ、言葉を使わないで、テレパシーでコミュニケーションをとることの出来る人が、いるってことだよな。


心って行動にして表すことはできるよな。

それはさ、心が、自分の体を動かしているからなんだ。

わたしの体、動かしてるの、心なんだよな。

形を持つものは、すべて形を失うの。
ぜんぶだよ。
一番大切なものは、なくなることないのな。
一番大切なものは、目に見えないの。

「不確かであることが常」と受け入れる――◎ムラキ　テルミ

すべてのはじまりは「ゼロ」から。
無限の広がりのスタートも「ゼロ」から。
陰陽で言う「中庸」。
プラスとマイナスのグッドバランスが「ゼロ」。
「ゼロ」ほどパワフルな状態はない！
そう気づいて以来、感情をニュートラルな状態に保つべく自分を見張っていました。
まあ、どれだけ、日々、批判し、裁き、疑い、執着し、思い込んでいることか。
我ながら呆れ果てました。

この小さな習慣が、人生は不確実であることを教えてくれました。

六カ所の大病院の医師から「もって半年の命」と言われました。半年で死ぬことは確実……と思い、諦めながら五年の月日が過ぎ、生きています。

常にこうあるべきだ、とか、こうでなくてはならないと、確証と確実性を求め、自分で自分の心を縛りつけていたのです。

不確実性は、無限の可能性を秘めていました。

確実を求めることで安心感を得られると思っていました。

確実性を求めると、思いもかけないことが起こる可能性が妨げられてしまいます。

決して、絶対的な安心感を得ることもありません。

なぜなら、たいがい思う通りにはならないから、がっかり失望ばかりを重ねてしまうのです。

不確かであることが常と、受け入れ、不確かな世界に足を踏み込むと、宇宙の流れに乗れて、私の人生に最善の結果がもたらされるようになれました。

もしかしたら、確実なことってないかも！　の気づきが人生を軽やかにしてくれました。

最善の結果⁉　どれだけ幸せなんだ、と思われてしまいますね。どんな結果であれ、最善である、と思えるようになれたのです。

すべての執着を手放すと、心の自由が手に入ります。

時間にも追われず、空間にも何にも縛られない。

今いる、この場所が、今いるべくしている場所だと思えるようになれたのです。

狭いだ、古いだ、あれがイヤだ、これが気に入らない、とぶつぶつ文句ばかり言っていたのに、です。

「こんなはずじゃなかった」

まさかという坂を連続で滑り落ちていたのに。


今、いるべき場所に、自分がいて。

今、共にいるべき人と、共にいて。

今、起こるべきことが、起こっている。

それが自分が描いたり、望んでいたこととは違ってもです。

自分にとって、良き宇宙の計らいであると信じ切って。

良いとか悪い、最善や最悪、最強・最弱という二極を超えた世界に足を突っ込むことが出来るようです。

日々、怖れることは山ほどあります。

ガンで余命宣告を受け、自分の死が刻々と迫り来る恐怖は、怖くて怖くて、発狂しそうでした。

この恐怖と比べると、日常の怖れは、本当にささやかなものでしかなくなりました。

「怒り」と「恐怖」が日常生活から取り除かれただけでも、起伏の激しかった人生は、穏やかで静かになりました。

私は、「神」も、「宇宙」も、「愛」も、究極の癒す力を持つほぼ同義語であると考えて、暮らしています。

「神」も、「宇宙」も、「愛」も、形はなく、触れることも出来ません。

不確かなものかもしれない。

でも、何をも圧倒する力を持ち、存在していることは確かです。

自分が、確信出来たり確実性を感じる世界なんて、実にちっぽけです。

不確実な世界の方が、圧倒的に大きい、と感じます。

不確実性は、無限の可能性につながっているのです。

不確実性であることが、制限のない無限の世界へのゲートでした。

11 人間だって自然の一部

心が変われば地球が変わる

◎**木村秋則**

大豆を植えたら、いちばん最初に出るのは、芽じゃなくて、根なの。

土の中でさ、根を張ってから、芽が出るのな。

地球という「土」の「球」から栄養もらって、大豆は育つのです。

大豆だけじゃないよ。

肥料をまいてしまうと、根が深く張らなくて、浅いのな。

化学肥料も有機肥料も一緒、根が浅いの。このことを「根を上げる」と言うんだそうだ。

「根性」が張れていないのな。

植物は、地球から、自然から、栄養もらってるの。

人間もだ。

人間だってさ、自然の産物なんだよな。

地球からの恩恵に感謝して生きねばな。

病気だってさ、自然の一部なんだ。

自然との不調和が病気を生むんだよな。

リンゴの木さ、病気しながら、元気になったもんな。

自然と調和できるようになったからだ。

人間だって、同じだよ。

人間だって自然の一部なんだからさ。

あれが食べたい、これが欲しいとな、病気作ってるの。

自然は、わたしたち人間を養う力を持っているけれど、強欲な人間を養う力はないとな、ガンジーも言っているしな。

　わたしもその通りだと思います。

だってよ、湖にボール落としてごらん。

欲しい欲しいって、こっちに来いって、水かいても、ボールどんどん遠くへ行っちゃうでしょう？

逆にさ、あっち行けって押したら、向こうからやって来るもんな。

そろそろさ、欲張ることやめて、いろんなもの握りしめていた手を開いてさ、心も開いてさ。

心が変われば地球が変わるの。

あなたの心が変われば、地球が変わるんだよ。

わたしたち人間だってさ、地球に根張って生きてるんだもんな。見えないけれどもな。

「一日一食」断食は体も地球も救う道◎ムラキ テルミ

私たちは、三八億年前、たった一つの生命体から始まって、三〇〇〇万種に拡がっています。地球は第一元素である水素の塊だったのです。

三〇〇〇万種に結合し、三〇〇〇万種全てに同じ遺伝子が組み込まれているのです。

私たちは、全て、つながっています。

全ての生命です。人間だけでなく、地球上の生命体全てです。

私たち人間は、男は二三種、女は二四種の遺伝子が七〇兆分の一の組み合わせの中から選ばれて生まれてきた生命です。

七〇兆分の一です。

一億円の宝くじが一〇〇回連続で当たる確率です。

私たちは、お母さんのお腹の中で、一〇カ月間に、三八億年の進化の過程をたどります。

一日に一二〇〇年以上の進化を遂げているのです。

私たちは、肉体が一二〇歳を越えると、全員、血液型が血液の原型である「O」型になります。

「オー型」「ゼロ型」です。

私たちは、宇宙から生まれ、宇宙に還るのです。


もう半世紀も前の話になりますが、小学生の頃、犬の散歩の途中に中国人のおじいさんと知り合いました。

毎朝、太極拳をされていて、「ご一緒にどうぞ」と言われ、習うのではなく、真似をする形で、続けていました。

八年も続けますと目を閉じていても、その老人の動きと流れがわかり、同じ「気」の流れに身を任せる心地良さを体験していたのです。「一度、型だけでなく理論も学んでは？」とお誘いを受け、スタジオに招かれました。

腰を抜かすほど驚いたのは、その老人が、楊式太極拳の大家、楊明治先生だったのです。

毎週スタジオへ通うことを楽しみに過ごしていた、あるレッスンを終えて帰宅した晩……、スーッと、部屋の空気が真空状態になりました。空間が真っ暗闇になり、音も光もない世界です。

もっと驚いたことには、私の体がシルエットのまま「宇宙」になっていたのです！

暗闇に浮かぶ、無数の星です。

体の中に手を入れると、スーッと手も入る。皮膚を通過してです……。

自分の体のシルエット状に、宇宙が見えた時、ズボッと皮膚を通して、手が入るだけでなく、そのまま、手から体全体が、宇宙側に引き込まれそうでした。

富士山の忍野八海の湧水を見た時と同じです。

美し過ぎるものには、引き込まれる。

手だけでなく、肩、頭……足……と体全体が、手袋を引っくり返すように、クルッと入れてしまいそうです。

私の体は、宇宙への入口になっています。

この入口から、一歩踏み込んだら、どうなるのだろう？

宇宙遊泳が出来るのだろうか？

息は出来るのか？

帰って来られるのか？

もう静けさをはるかに越える静謐の中で、至福の時が、止まっていました。

その時、母の、「ご飯が出来たわよ」の声で現実に引き戻されました。

いつもの私の部屋に。

この感動を、楊明治先生に報告しますと、

「その状態が、大極と言います」と、当たり前のように説明して下さいました。

「陰陽中庸の状態、すなわち大極。大極とは『宇宙』である」と。

もう一度、この体験をしたくて、熱心に太極拳を学び、スタジオにも通いましたが、同じ体験は出来ていません。

この日以来、私たちの体は「宇宙」を抱えていることを理解し、私たちの体内で、臓器が宇宙の星のように浮かんでいることも、理解します。

だって体験してしまったのですから。

この体験は、特別に私に起こったことではありません。

私たち全員の体が、宇宙とつながっています。

でなければ、内臓器官が体内で、星のように浮かんでいることは出来ません。


今、宇宙の波とのズレを起こして、内臓が落ちている、下垂している人が多くいます。

私も胃をはじめ、下垂していました。

「断食」で空腹でいる、消化器官をはじめ「空」の状態は、宇宙エネルギーと同じ波動で共鳴し合います。

「一日一食」断食五年目にして、おヘソの下まで下垂していた胃も含め、全ての臓器が正常位置に収まりました。いい感じで浮かんでいます。

宇宙エネルギーとつながる近道は、「断食」です。

宇宙のエネルギー、宇宙の波に乗る、宇宙の波でサーフィンするには、空腹でいることだと実感しています。

今の日本の、車や家電製品に囲まれ、運動量も少ない暮らしでは「一日一食」で十分です。

私たちが、「一日一食」断食を実践することは、私たちの体を病気から救うだけでなく、この地球をも救う道へと続きます。

私たちは、自分たちが食べるために、この地球を滅茶苦茶に環境破壊し続けて来ました。莫大な量の食品を調達すべく、田畑は化学合成薬品で汚染され、牛の牧場を作るために森林は伐採され、食品は腐らないように美味しく美しく感じるように化学薬品漬けです。

土が汚染され、河川が汚染され、海まで汚染され続けています。

今まで私たちが食べていた量が、1/3になったなら……西から太陽が昇るかもしれません。

天地が引っくり返ると思います。

今の日本の食物自給率は三九%。

この先進国で圧倒的に低い数字が、一気に一〇〇%超えになります。

日々の暮らしで食べることに追われることもなく、一日の一食を大切にし、感謝してゆっくりと味わい、美味しくいただけます。

一食の質を上げようと自然になります。


今の私の食卓は、極力、自然栽培の食材や調味料で作った料理が並びます。

料理をする三〇分、そして食事をする一時間が、一日でも大切な時間で、心から楽しんでいます。

「一日一食」断食の快適さを、理解していただくのは難しいかと思います。

私も、末期ガンにならなければ、習慣になることは決してありませんでした。

強制することは出来ませんが、今なら、自らが「食べないこと」を選択することが、出来ます。

が、このまま、日本が年間一兆円もの食品廃棄を続けるなら、きっと、食べたくても、食べることが出来ない時代が来ます。そう遠くない将来にです。

食べ物を捨てることを、日本の神様も、宇宙も決して許しはしないと思うのです。

今ならまだ間に合います。

「一日一食」が難しければ、一日一・五食、もしくは、一日二食でもいいと思います。

「食べない選択」をされることを強くお勧めします。

使命感を持って、挑戦していただきたいと、願っております。

12
地球の掃除

わたしたちには今すぐにできることがある──◎木村秋則

わたしたちの星、この地球も、呼吸しているんだよ。本当だ。

ちゃんと、アメリカのNASAが、成層圏の膜の音を拾っています。ボワーァンボワーァンと、ゆったりした、とても心の落ちつく音です。

これが、地球のリズム、宇宙のリズムだと思います。

地球が息を吐くと、地上では、波が寄せて、地球が息を吸うと、波が引くのではないかな。

地球の呼吸の音と、波の音のリズムは、近いと思う。音も波動だしな。

「土」だって、呼吸してるんだよ。

だってよ、山の「土」をさ、ビンに詰めて、フタをするでしょう。ビンに水滴つくもんな。

息してるんだよな。たくさんの微生物がさ。

わたしの畑の「土」一握りの中に、地球の人口よりもたくさんの微生物が生きています。一〇〇〇億もだよ。

たった一握りにだ。

なら、地球って「土」の塊なんだから、どんだけ多くの微生物がいるんだろうなと考えたの。

この地球上のすべての細菌の重さを合わせると、全人類の体重の合計の二〇〇〇倍を越えるのだそうです。

驚いたな。

しかも、その微生物の大半は、「土」の中にいるのな。

想像もつかない量だけれども、とにかく、とてつもない数の生き物が、「土」の中に生きていることは間違いない。

特殊な電子顕微鏡でな、微生物を覗いたことがあるのな。

いや本当にびっくりしました。

ひとつひとつの生き物は、一ミリの何百万分の一、何千分の一というサイズなわけだけれどもな。

その微生物の世界に、とんでもない世界が広がっていたの。

そこにも、食うモノと食われるモノの世界が繰り広げられるんだ。

この「土」の中の小さな生き物にとっても、「土」はまさしく自分たちの生きる世界であり、宇宙でもあるのな。

「土」だけではないの。

「海」もだ。

わたしたちが、肥料・農薬・除草剤をまくと、まず、「土」にしみこんで地下水が汚れます。そして、地下水が汚れると、川が汚れます。川が汚れるということは、川の水にバクテリアが足りなくなるということなの。

かつては、たくさん住んでいたバクテリアたちが足りなくなっていてな。

さらに汚れは進んで、川はやがて海へと流れます。

すると海の汚染も進むわけです。海水汚染は、産業廃棄物、船の事故によるオイルの流出、工場・家庭からの排水、農薬などの化学物質などが原因でさ。

たとえば、水洗トイレひとつをとっても、川や海の汚染源になっています。

汲取りトイレは昔、臭かった。現在では水洗トイレだから臭くなくなった。汲取りトイレのときは、もっときれいに掃除しようという気持ちが湧いたけれど、水洗トイレで汚物が流れてしまうと、汚いものは人間の目からは見えないところへと、一瞬で去って行ってしまうもんな。

トイレ流すたんび、海を汚してるとは、思わないもんな。

それこそが、川や海の汚染を招く大きな問題となっているの。海水汚染がひどくなれば、植物プランクトンの大発生や赤潮などが起こって、海水中の酸素が減ってしまい、サカナをはじめとする生き物にダメージを与えているの。

だから、川を汚さない、海を汚さないためにはどうするかを考えなければいけないと思うのな。

海が汚染されると、バクテリアたちは、どんどんきれいにしようとがんばります。

そうなるとバクテリアたちは、いくらでも呼吸熱を大量に出すの。呼吸熱が大量に出るから、海水温が上がってしまうのな。

年々上昇を続けている海水温については、このバクテリアの呼吸熱もまた原因であることにもっと注目しなければと思います。これは注意深く見ていかねばな。

この状況は、たとえば、一〇人乗りと決められているエレベーターに、二〇人乗っているようなものでさ、定員オーバーしたらどうなるか。エレベーターは動くことができなくて、また、内部は息苦しいほどの暑さになるはずだ。

それが現在の海の状況なの。

土地が冷え性になってしまい、海は高温化しています。

それに加えてよ、地球の南北の極点の氷河がどんどん溶け出しているでしょう。
冷たい氷水は、海底を流れるんだよな。
地球も、冷えないように冷えないように一生懸命に頑張っていると思うの。
地球は今、冷え性になってるの。
海の呼吸熱が高いために、低気圧が巨大化しているんだよ。
「海」の呼吸が原因なの。
この状況は、ますます悪化すると思う。
一〇〇メートル級の巨大台風が、次々と押し寄せることになるかもしれないな。
気候の急激な変動に対して、手をこまねいているわけにいかないでしょう。

なにか対策を、今すぐにでも、講じなければならない。
たとえ少しずつであっても、わたしたちには、今すぐにできることがあるんだからな。
このままでは、まずいことになるよな。

ガンが消える体内の神秘力

◎ムラキ　テルミ

「ぜんぶのガンが、消えました！」と、この春、悦びに満ちたお電話をいただきました。

その女性は四〇代、二年前に子宮ガンと診断され、子宮全摘手術。抗ガン剤治療を終えてホルモン療法中に、一年前、腹膜に無数のガン転移が見つかりました。その時から石原メソッド実践者になりました。

朝の人参リンゴジュースは、大家族との朝食があり、実行が難しく、ランチも夕食も軽めにすることに努めておられました。

そんな彼女にぴったりだったのが白隠禅師の「気海丹田呼吸法」だったのです。

白隠禅師は江戸時代・徳川五代将軍綱吉の貞享二年（一六八五年）

生まれ。三歳まで足の不具で、立てず、歩けず。

一五歳で出家、二四歳で小悟、三四歳で白隠と称し、四二歳で大悟し、大自在力を得ます。

二六歳の時、極度の神経衰弱と肺結核に悩まされます。幸運にも、京都・白河の山奥で隠棲する白幽仙人から、養生と征病の秘訣を教えられ、真剣に実行して、この難病を克服します。

この養生法が、「内観の秘法」であり、「気海丹田呼吸法」でありました。

白隠禅師は、禅宗の中興の祖であり、日本における「神経病」と「結核」治癒の始祖でもあります。

ご自分を生命の力で治したばかりでなく、多くの重病人を救われ、今なお三〇〇年以上もの時を経て語りつがれています。

具体的な「気海丹田呼吸法」は、
床の上に天井をむいて、静かに横たわります。
目は軽く閉じ、両手両足を適度に開き、その力を抜きます。
首・肩・背骨・腰・脚や骨々の力もすっかり抜いてしまいます。
口も少し開き、肛門や生殖器の筋肉もゆるめ、内臓の力もゆったりとして、
肉体のどこにも力が凝らぬように蒲団にすべてを打ち任せ、
死せる肉塊のごとく、ぐったりと埋もれてしまうのです。
そうして次に、両手両脚を長くのばし、強くふみ揃えて力を腰から下に入れ、
静かに軽く呼吸をします。
落ちつきはじめましたら、やや深くゆっくりと息をし、息を吸いこんでしまったら、かすかに息を止めます。

止めてから静かに吐き出します。

吐き出す要領は、吸いこんで、かすかに止めた息を下腹の方へ落とし入れるような感じで、細くゆっくりと吐きだすようにするのです。

そうすると、下腹に力が満たされた感じを受けます。

この下腹（気海丹田）に保たれた力をそのままに軽く保つようにして再び、鼻孔から空気を静かに吸い、気海丹田にしだいに力を満たしていきます。

静かに静かに、肩の力を抜いて、お腹がへこんでいき、邪気を払うイメージで呼吸しますと、体内を血液が循環します。

息は、吸う時ではなく、吐く時に、体がゆるみ、血液が流れます。

吐くことが大切なのです。

息を吐き切る。

私たちは、成人男子でさえも両肺の容量二リットル中、三〇％の肺でしか呼吸していません。
体だけでなく、心も落ちついてきます。
心を心で制することは難しく、
心を息で制することは可能です。
「心は心をもって制せられず、
息をもって制すべし」
丹田呼吸法の大家、藤田霊斉が言っておられます。
そう言えば「息」とは、自分の心と書きます。
自律神経をコントロールするスイッチの役目を果たしているのが
「呼吸」です。
深い呼吸は、自律神経を活性化します。
自律神経レベルこそ、生命力の高さを表します。
「気海丹田呼吸法」は腹式呼吸です。お腹が出たり、引っ込んだり。

このお腹の動きが、内臓のマッサージの働きもします。
己れの本命、
使命を悟れ、
体は頑強に、
心は静かになる。
この「気海丹田呼吸法」を毎朝毎晩一〇分間実践したことで、無数のガンが消えてしまった事実に、体内の神秘力を強く感じます。

13

あなたの使命は

誰かのために「命」を「使」う――◎木村秋則

わたしたちさ、自分の力で生きてる、って考えていたら、大間違いでさ。

巨大な宇宙に生かされているんだ、って言ったって、ピンと来ないよな。

「わたしの『使命』は、何ですか?」って聞かれたらさ、生かされているものに感謝することだと答えています。

自分で自分の「使命」がわかんなくて、人に聞くんだもんな。

ならばよ、まずは、目に見える「地球」のために、あなたの「命」を「使」ってみたらどうだろう?

「地球」のために……が、ピンと来なかったら、家族のためにあなたの「命」を「使」ってみたらいい。
誰かのために、「命」を「使」う。
「命」を「使」うって言っても、大袈裟なことじゃなくてさ。
あなたの「命」は、あなたの「時間」なわけだから、
あなたの「時間」の使い方を改めてみては、どうだろう？
あまり「自分が」「自分が」って、生き方は、見苦しいと思います。
わたしは常々、「自分に恥じない、生き方をしたい」と考えています。

わたしの「使命」？

「使命」は、一つではないと思うのな。
大層な「使命」を探さねばなんて構えないでさ、一つ一つ小さなこ

とにも、きちんと向き合って、「命」を使っていきたいと思います。

「無農薬で、リンゴ作れますよ」とか、

「行き過ぎた不自然を、自然に戻しましょう」

とかな、伝えて歩く……。

わたしの「使命」は、伝道師のようなもんだな。

自分が存在しているだけでいい――◎ムラキ テルミ

末期ガンから生還したことで、本を書いたり、講演依頼を受けるようになりました。

「ガンは自分で治せる」ことを、一人でも多くの方へ伝え、主治医の石原結實先生におつなぎすることが、

「私の使命」

であると、信じていました。

次々とガン患者の方とお会いしていたのですが、ガンが消えるどころか、悪化したり、亡くなる方が続くのです。

私が熱く語れば語るほど、相手は冷めていく……。

「私の使命」だと燃えれば燃えるほど、どんどん自分の体調が悪くな

る一方。

とうとう動けなくなってしまいました。

病気の人の気を受けてしまうのだろうか。

まだ私は、ガンが完治していないのだろうかと、情けない時を過ごしました。

そんな折に、木村秋則さんから、

「わたしの友だちがさ、もうダメだ！　っていうガンだったのな。

わたし、友だちにさ、ガンだって、あなたが死んでしまったら、生きていけないんだからよ、共に仲良く生きたら？　って言ったのな。

そしたらよ、友だちはさ、毎日、ガンによ、

『今日も生かしてくれてありがとう』

『今日も仲良く共に生きて行きましょう』と、話しかけたんだそうだ。

そしたら、どんどん元気になってよ、今も生きてるよ。三年は経ってるな。ガンだって、まだそのままあるんだよ」

と伺いました。


ガンと仲良く、共存する。

ガンを怖れず、感謝する。

「ガン、消えなくたっていいじゃないの。病気だってさ、自然の一部なんだから」

病気も自然の一部！


この考え方は、カルチャーショックでした。

以来、肩の荷が外れ、また病気さえも自然の一部であるなら、私たちも自然の一部……病気も、私たちの健康に対する表現力の一つでしかない、と怖れる気持ちが和らぎ、消えてしまいました。

私に、ガンに対する怖れが消えていますので、お目にかかるガン患者の方との間にも、緊張感が無くなりました。


私たちは、源が一つ、何億年もの年を経て、分離しているだけ。元は一つです。今もつながっています。

人間、動物、植物、昆虫、岩や土、たぶん「月」や「太陽」とも。

すべてがつながっている！　一つだ‼　この気づきは、

「私は、あなたに代わって、『ガン』患者を体験しました」

「あなたは、私に代わって『お医者さん』を体験している」

「あなたは、私に代わって、『お母さん』を、体験して、子育てをしている」

「私は、あなたに代わって、『娘』を体験している」

この考え方が、私の人生を一変させました。

人との境が低くなり距離も縮んだのに、相手に敬意をはらえるようになったのです。

思いやりを持って、接することが出来る。

それまでは、人から喜ばれようとやっきになり、生命拾いをしたのだからと、神様のご機嫌まで取っていたかのような生き方でした。

誰かに好かれたり、愛されるためには、それ相応の努力が必要だと、思い込んでいたのです。

うっとうしいほど、お節介も焼いていました。

元・夫や亡き父の口癖は〝お構いなく〟でした。

周囲との距離感は縮まらず、自分はヘトヘトに疲れ果てる……。

好かれる、愛される、に値する人間にならねばと、空回りし続けていました。

これは、寓話だったのです。

真実は、至ってシンプルです。

「自分が存在しているだけでいい」

飾らず、媚びず、諂《へつら》わず、そのままの自分でいい。

自分が存在していることが、宇宙から許されている。

そのままで十分に、大宇宙から愛されているのでした。

おわりに

——お互いに優しくないとな

「『岩木山の龍を背負ってますね』と、よく言われます。

高校生の時には、学校の帰りにさ、自転車に乗ってたら、周りの風景が、ピタッて止まってしまったの。

歩いている人もさ、歩いている犬も、片足上げたままでな。

あれ？　と思ったらさ、目の前の松林の中から、巨大なワニの親分みたいなのが、突然現れたの」


「龍ですか？」

「そうなのな。龍なんだわ。道幅いっぱいの顔で、恐ろしげな顔でな。

長いヒゲが、グニョグニョ動いてさ、もう自分は、完璧に思考停止になったな。
周りを見るとさ、止まったまんまなのな。時間が止まってしまって
いたようだった。
細っこい松の木に止まってさ、そのまま空に向かって一直線に昇っ
て行ったのな。
龍が消えてしまったらさ、周りの人も歩き出してたな。
多分だよ、わたしたちの感じている時間と、そうでない時間がある
んだな。
その中間地点の世界ではさ、龍が空を飛んでいるのではないかな。
当たり前のようにな」
「私も、龍を一度見ています。二〇代の時に。
富士山登山の下山途中でした。

一〇人位のパーティーの中、私だけ一人遅れてしまい、転びそうになりながら下山中のことです。

周囲から、音が消えてしまい、耳が富士山の高度でおかしくなったのかな？　と座って休んでいたら……。

入道雲だと思っていたのが、真っ白な真珠色に輝く龍でした。

周囲は、音が消えただけでなく、下山中の人の動きも止まっていました。

確かに、時間が止まっていたとしか考えられません。

白龍が、ググッと身をよじって、天に向かって、一直線に昇り消えると、今までのように、音のある世界、動きのある世界に戻りました」

「ムラキさんは、白い龍だったのな。

わたしは、濃い緑色の龍だった。

俳優の杉良太郎さんいるでしょう。

杉さんも龍を見てるんだそうだ。

龍の話をしたくて、わたしが会いに行きました。

杉さんがよ、会った龍も白かったそうだ。一〇代の時のことでよ。

杉さんは龍から
『この世の中に奉仕する人になれ』

と言われた気がしたそうだ。

だからさ、杉さん、俳優してさ、ボランティアもしている。

個人でさ、三〇億円以上ものボランティアだよ。

なかなか出来ることじゃないよな。

杉さんは龍から言われたことを続けているスゴイ人です。本人はひと言も自慢しないけれど。

「木村さんも龍から、メッセージを受けられたのですか?」
「人に言ってはならないと、龍に口止めされた気がするのな。
だから、あんまり人に言ってない。
誤解もされるしな。
『地球を修復しなさい。
お前は、この地球を修復するために生きろ』
とな、言われたと思う」

「木村さんは、まさにまさに『地球を修復する人』になられています!」
「そうかな……自分ではわからないけどもな、ムラキさんも何か言われたでしょう?

龍からさ」

「言われたって言うより、頭の中にスタンプを押されたような感じでしょうか？」

「そんだ、んだ、頭の中にさ、ポンッと入ってくる感じだな」

「ならば……メッセージ、受けています」

「なんて言われたの」

「『少しは、人の役に立て』って」

「『少しは、人の役に立て』ってか？　こりゃ、最高だなー」

「でも、具体的に、どうやって人の役に立てばいいのか、それこそ、この本のコンセプト『私の使命は？』とか、考え込んでしまいます」

「そんなさ、難しく考えなくて、いいんでないのかな。

生きることって、難しいことじゃないもんな。

もっと気楽によ。

毎日、笑って暮らせればな、それで十分だと思うな」

『笑って暮らせればいい！』

これならば、私も自分の「使命」を果たせそうです。

木村さんから、大切なことをたくさん気づかせていただいています。

人に優しく接すること。

思いやりを持って行動すること。

人に聞かず、自分で決めること。

自分の決めたことは、自分で責任を持つこと。

諦めないこと。

一歩前に出ること。

いつも笑っていること。

木村さんの高らかな笑い声が、この地球の未来を変えていく様を、この数年間、見せていただいています。

そして、とうとうご自身の半生が映画となり、多くの方に感動を与えておられます。

私のちょっとずつ〝惜しい〟人生を、

「そのまんまでいいんだよ」

と認めて下さいました。


『そのまんまでいい！』


私は、この言葉が、地球を救うキーワードになると思います。

みんな淋しい。

みんな優しくされたい。

みんな認められたい。
みんな愛されたい、のです。

人に優しく、
人を認め、
人を愛する。

地球に優しく、
地球からの恩恵を認め、
地球を愛する。

そして、
自分に優しく、

自分を認め、
自分を愛する。

このことが、いかに大切であるか、教えていただきました。

「なんも、なんもさ。
この地球に生きるもの、ぜんぶつながってるのな。
『土』ん中の小っちゃな虫もさ、魚も鳥もさ、植物も、動物も、もちろん人間もだ!!
ぜんぶ、つながって支え合って『ひとつ』なんだからよ。

お互いに、優しく、ないとな。
地球にもだよ。まずもって、

地球に優しくすること、しないとな。

なんも難しいことではないの。

自分に優しくできたらよ、人にも優しくなれる、そしたらこの地球にも優しくできてよ。

地球を救うことが出来ると思うのな。

人に優しくされたかったら、まず人に優しくする。

自分が優しくされたかったら、自分で優しくする。

地球に優しくしく包んでほしかったら、まず地球に優しくする」


「木村さんの言われる、湖に浮かべたボールに〝こっち来い〟って水かいても、ボールはどんどん遠くへ行っちゃう。

あっち行けって押していたら向こうからやってくる！　ですね」

「欲しい欲しい、こっち来いって気持ちを手放して、そういう気持ちを小さくすることも大事だしな。

何かな、人に喜ばれること、地球が喜んでくれることを見つけてさ、行動してみてはどうだろう。

『使命』はさ、命の使い方、何も大袈裟なことではなくてさ、あなたの時間の使い方なんだからよ」

少しの時間の使い方が変わるだけで、
あなたの人生も変わって、
この地球も変わると、私たちは信じています。

参考文献

『奇跡のリンゴ』石川拓治著　幻冬舎文庫
『土の学校』木村秋則＆石川拓治著　幻冬舎
『すべては宇宙の采配』木村秋則著　東邦出版
『奇跡のりんごスープ物語』山﨑隆著　講談社
『農業ルネッサンス』２０１４年夏号　東邦出版
『沈黙の春』レイチェル・カーソン著　新潮文庫
『白隠禅師・健康法と逸話』直木公彦著　日本教文社
『喜びから人生を生きる！』アニータ・ムアジャーニ著　ナチュラルスピリット

〈新装版〉
地球に生きるあなたの使命

著　者　木村秋則／ムラキテルミ
発行者　真船美保子
発行所　KK ロングセラーズ
東京都新宿区高田馬場 4-4-18　〒 169-0075
電話（03）5937-6803（代）　振替 00120-7-145737
http://www.kklong.co.jp

印刷・製本　　大日本印刷（株）
落丁・乱丁はお取り替えいたします。※定価と発行日はカバーに表示してあります。
ISBN978-4-8454-2523-5　C0095　　Printed In Japan 2024